Ingrid Trobisch Youngdale
und Katrine Stewart
Der Weg nach Hause ist eine lebenslange Reise

Ingrid Trobisch Youngdale
Katrine Stewart

Der Weg nach Hause ist eine lebenslange Reise

Lebenserinnerungen

R. BROCKHAUS VERLAG WUPPERTAL

ABCteam-Bücher erscheinen in folgenden Verlagen:

Aussaat Verlag Neukirchen-Vluyn
R. Brockhaus Verlag Wuppertal
Brunnen Verlag Gießen und Basel
Christliches Verlagshaus Stuttgart
Oncken Verlag Wuppertal und Kassel

Die amerikanische Originalausgabe erschien
unter dem Titel ON MY WAY HOME
bei Quiet Waters Publications, Bolivar/Missouri 2002

Deutsch von Ulrike Chuchra

2. Auflage 2003

Umschlaggestaltung: Dietmar Reichert, Dormagen
Umschlagfoto: David Bailey, Nashville/Tennessee

Satz: QuadroMedienService, Bensberg
Druck u. Bindung: Bercker, Graph. Betrieb, Kevelaer
ISBN 3-417-11821-2
Bestell-Nr. 111 821

INHALT

Nicht Heimat suchen,
sondern Heimat werden

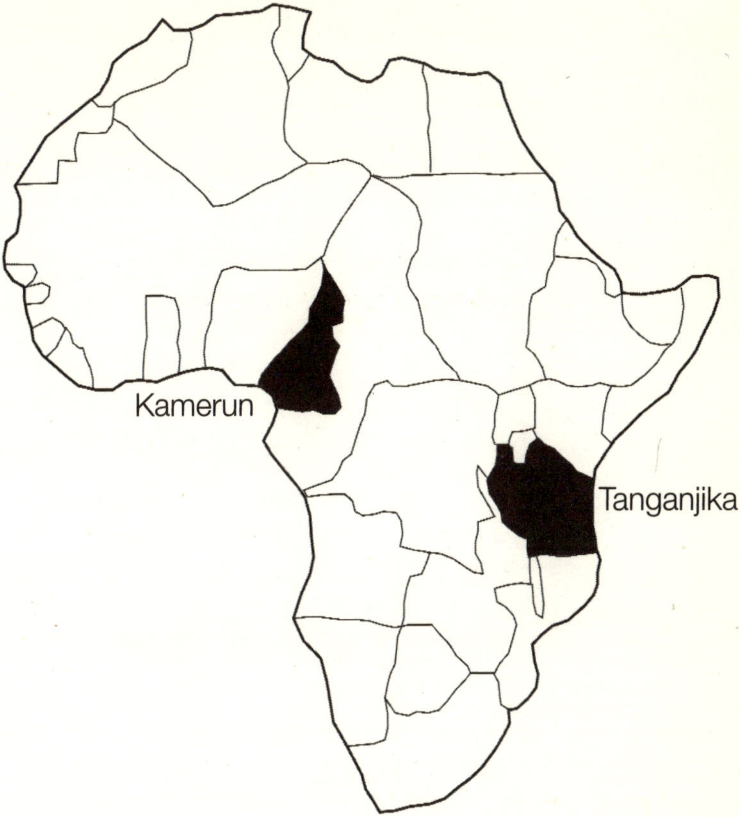

Afrika um 1920

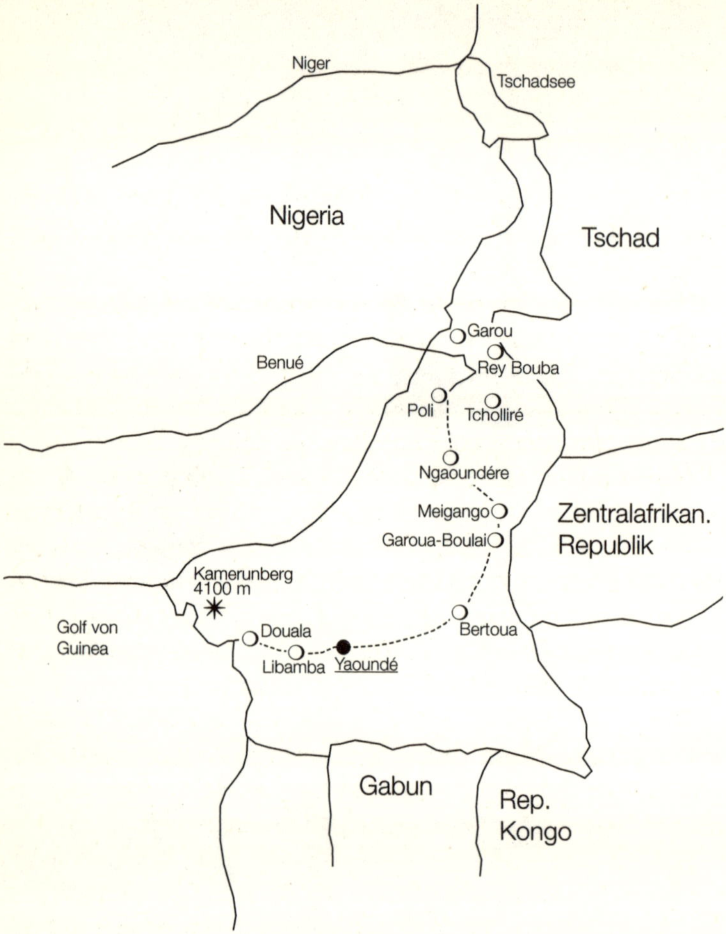

Kamerun um 1960

1. Old Moshi – Segen in der Morgendämmerung

Leben heißt langsam geboren werden.
Antoine de Saint-Exupéry

Hoch ragt der Kilimandscharo über der ostafrikanischen Hochebene Tansanias auf. Den »Thron Gottes« nennen die Afrikaner diesen gewaltigen Berg.

Wie ein schweigsamer Riese steht er da, dessen Allgegenwart man nicht übersehen kann. An seinen Hängen kam ich in dem kleinen Dorf Kidea zur Welt, das früher unter dem Namen Old Moshi bekannt war. Meine Eltern waren fest davon überzeugt, dass dies einer der schönsten Plätze auf der Erde ist.

In den frühen Morgenstunden dieses 17. Februars 1926 verbreitete sich die Nachricht von meiner Ankunft mit Windeseile. Noch vor dem Morgengrauen kam eine Gruppe glücklicher Chagga-Frauen vor unser Haus, um für meine Mutter zu singen und mich in ihrer Mitte willkommen zu heißen. Ihr melodischer, rhythmischer Gesang tönte von draußen in das Missionshaus und erfüllte es mit Freude.

Durch die ungewohnten Geräusche aus dem Schlaf gerissen, kam mein vierjähriger Bruder Paul aus dem Zimmer der Jungen getappt und rieb sich erstaunt die Augen. »Es ist doch erst ein kleines bisschen Morgen«, sagte er zu unserem Vater.

»Da hast du Recht, mein Sohn, deine neue kleine Schwester hat nicht einmal gewartet, bis der neue Tag anbricht. Schau mal, wen ich da im Arm halte.« Vorsichtig beugte er sich zu Paul hinunter und ließ ihn einen Blick auf das schlafende Baby werfen, das in eine warme Decke gewickelt war. Das ganze Bündel passte genau in die Beuge, die der starke Arm des Vaters formte. »Dein Leben wird ganz anders werden, wenn du jetzt eine Schwester hast! Wir wollen deinen kleinen Bruder John jetzt noch nicht wecken, aber du und ich, wir können auf die Veranda gehen und unseren Besuchern das Baby zeigen.«

Stolz traten Vater und Sohn zusammen in die afrikanische Morgendämmerung hinaus. Die singenden Frauen tanzten vor Freude. Als die Sonne langsam höher stieg, erhob sich der Berg strahlend und majestätisch aus den morgendlichen Wolken.

Ich bin davon überzeugt: In diesem Moment entstand die enge Verbundenheit zwischen mir und meinem Vater, die ein Leben lang anhielt. Ich kann mir vorstellen, wie er mich in die Höhe hielt und sagte: »Schau dir diese wundervolle Welt an, in die du gekommen bist, meine Tochter. Man kann nur über sie staunen! Sie ist für dich da. Erobere sie dir!«

Der Anfang ist die Hälfte des Ganzen. *Platon*

Fünf Tage später wurde ich in der Kapelle von Old Moshi getauft. Meine Eltern und ihre Freunde, Pastor John Steimer und seine Frau, legten mich symbolisch in die schützenden Arme Jesu Christi. Mit einem liebevollen Lächeln sprach Pastor Steimer die Verheißung aus, die er für mich als Taufspruch ausgesucht hatte: »Er hat seinen Engeln befohlen, dass sie dich behüten auf allen deinen Wegen« (Psalm 91,11). Ich fürchte, ich habe diese Engel ziemlich auf Trab gehalten.

Wenn man mich nach der Gültigkeit der Kindertaufe fragt, kann ich nur das Gleiche sagen wie meine achtjährige Nichte, als ihr diese Frage gestellt wurde. Ann sagte: »Ich weiß nur, dass meine Eltern mich in die Arme Jesu gelegt haben, und er hat mich noch nicht fallen gelassen.«

Erst Jahre später begann ich die Bedeutung der Namen zu begreifen, die mir an jenem Tag gegeben wurden. Ich wurde *Ingrid* nach der Großmutter meines Vaters und *Johanna* nach der Mutter meines Vaters genannt. Ingrid ist ein skandinavischer Name und bedeutet »Königstochter«, »Heldentochter« oder »die Frau, die ein Pferd reitet«. Johanna ist die weibliche Form des hebräischen Johannes und bedeutet »Gott ist gnädig«. Mein Familienname, *Hult*, ist mit dem seltenen englischen Wort »holt« verwandt und das bedeutet »Zuflucht«, »Nest«. Die Mutter von

Der Kilimandscharo

Astrid Lindgren kam aus Hult, aus der gleichen Gegend in Schweden wie mein Großvater.

Heute ist mir klar, dass diese Namen, die vor meiner Geburt so liebevoll für mich ausgesucht wurden, eine lebenslange »Berufung« bedeuten. Diese Namen haben mich auf unerwartete Weise herausgefordert. Die Tochter eines Königs oder eines Helden zu sein gab mir das Gefühl, etwas Besonderes zu sein. Aber wie diese habe ich lange Phasen der Einsamkeit erlebt. Es fehlte mir die Kameradschaft von gleichgesinnten Menschen, die bei mir nicht Rat und ein Vorbild suchten. So wagte ich es nicht, meine Angst einzugestehen. Ohne die Gnade Gottes hätte mir oft die Kraft zum Weitergehen gefehlt. Meine Familie und die Menschen, die mit meinen Büchern vertraut sind, können bezeugen, dass die Suche nach Geborgenheit in dieser Welt für mich zu einer lebenslangen Suche geworden ist.

Meine Mutter sagte, mit mir könne man gut reisen. Ich war nur drei Wochen alt, als wir uns am 7. März 1926 in der kenianischen Hafenstadt Mombasa einschifften. Unsere lange Fahrt führte uns durch das Rote Meer, den Suezkanal, das Mittelmeer und an der Atlantikküste entlang bis nach Bremerhaven. Für meine Eltern war es Zeit für einen Heimaturlaub. Mein Vater hatte schon mehr als sieben Jahre in Afrika verbracht und meine Mutter fünf Jahre.

Warum sollte ich nicht gut reisen können, wenn mein Vater und meine Mutter immer in der Nähe waren und ich mich geborgen fühlte? Meine Mutter hatte einen rechteckigen Weidenkorb sorgfältig mit Stoff gefüttert und eine feste Matratze aus Kapok, dem baumwollartigen Samen eines afrikanischen Baumes, hineingelegt. Das war nicht nur mein sicheres Plätzchen in diesen ersten Lebensmonaten, sondern auch das erste Bett für meine jüngeren Geschwister. Als dann die Ozarks unsere Heimat wurden, bekam der Korb einen Ehrenplatz auf der Kommode im Schlafzimmer meiner Eltern. Wenn er nicht mehr für das jüngste Kind in der Familie gebraucht wurde, diente er als Wäschekorb für die Laken, die frisch von der Leine kamen.

Ich war nicht die erste Tochter meiner Eltern. Das kleine Grab meiner älteren Schwester Ruth Eleanor, die als Baby starb, liegt auf der anderen Seite des schneeglänzenden Berges in Machame. Jedes Jahr feierten wir am 11. Juli Ruths Geburtstag. Es war das einzige Mal, dass ich mich an Tränen in den Augen meiner Mutter erinnern kann, solange ich ein Kind war. Sie stellte die kleine grüne Vase mit den frischen Blumen auf den Küchenschrank und erzählte mir, dass sie diese Vase bei Ruths Beerdigung geschenkt bekommen hatte. Ich nahm die Vase, dieses Symbol für meine Schwester, immer wieder in die Hand und versuchte mir vorzustellen, wie Ruth ausgesehen hatte und wie es für mich gewesen wäre, eine ältere Schwester zu haben. Durch sie kam mir aber auch der Himmel viel näher. Ich wusste: Eines Tages würde sie uns, ihre Eltern und ihre Geschwister, im Himmel willkommen heißen.

Fang an zu weben, und Gott wird dir den Faden schenken.
Sprichwort

Wenn ich an Ruth denke, kommt mir auch die Geschichte von der Geburt und dem Leben eines anderen kleinen Mädchens in den Sinn. Dazu muss ich ein bisschen ausholen. 1998 war ich als Gast von Annette Fogelquist in Schweden. Sie ist die Tochter von John Steimer, der mich getauft hat. Annette hatte viele glückliche Jahre auf einer Missionsstation an den Hängen des Kilimandscharo verbracht, nicht weit von uns entfernt, und sie war mir so lieb wie eine ältere Schwester. Es ist merkwürdig, wie das Leben manchmal die tiefsten Sehnsüchte unseres Herzens erfüllt, wenn wir am wenigsten damit rechnen. Als wir 1998 in ihrem gemütlichen roten Sommerhaus in Schweden zusammensaßen, erzählte mir Annette folgende Geschichte:

»Mein Mann und ich wurden von der Schwedischen Missionsgesellschaft nach Südafrika ausgesandt. Wir waren da sehr glücklich, und Gott schenkte uns fünf Kinder. Der Einsatz meines Mannes als Bauleiter wurde dort dringend gebraucht. Als wir aber zu einer wohlverdienten Urlaubspause nach Hause kamen, wurde er von einem unachtsamen Motorradfahrer getötet. Mein Mann hatte vor dem Gemeindehaus gestanden, wo er einen Vortrag halten sollte, als der Motorradfahrer die Kurve nicht bekam, weil er zu schnell fuhr. Der Mantel meines Mannes verfing sich am Lenker, und so wurde er zu Tode geschleift.«

Annette war damals Anfang 30. Mit fünf kleinen Kindern studierte sie nun Kirchenmusik und übte früh am Morgen, wenn ihre Kinder noch schliefen. Als allein stehende Mutter wurde sie Organistin und Chorleiterin und auch Gastgeberin für Missionare auf Heimaturlaub. Mit ihrer Frisur und dem Stil ihrer Kleidung erinnerte sie mich an Katherine Hepburn. Sie strahlte Kraft und Freude aus. Aber sie hatte auch eine Schwester, die als Baby gestorben war. Und wie meine Schwester hatte sie Ruth geheißen. Was war es für eine unglaubliche Freude für sie, als ihr ältester Sohn Sven ihr von einer besonderen Reise erzählte:

Er war Pastor und folgte zusammen mit seiner Frau einem Ruf in die Mission nach Tansania. Während ihrer Jahre dort machten sie eine Reise in das Kilimandscharogebiet, wo seine Großeltern zusammen mit meinen Eltern als Pioniermissionare gearbeitet hatten. Sven wollte die Stelle finden, wo die kleine Schwester seiner Mutter begraben lag. Eines Tages war sie sehr krank geworden. Nachdem sie ein paar Stunden gelitten hatte, war die Kleine gestorben und man hatte sie dicht neben der Kapelle begraben, die ihr Vater erbaut hatte. Annette zeigte mir das Bild eines hübschen kleinen Mädchens, drei Jahre alt. Annette erzählte weiter:

»Sven sah eine sehr alt aussehende Frau auf den Stufen der Kapelle sitzen und sprach sie auf Swaheli an: ›Können Sie mir den Friedhof zeigen und mich zum Grab der kleinen Ruth Steimer bringen?‹ Er hatte eigentlich keine große Hoffnung, dass die Frau ihm helfen konnte. Doch ihr runzliges Gesicht strahlte auf, und mit ungläubigem Staunen erfuhr sie, wer er war. ›Kommen Sie mit‹, sagte sie und führte ihn ohne zu zögern zu der Stelle, an der noch immer ein altes Holzkreuz mit dem Namen ›Ruth Steimer‹ stand. ›Ich kenne das Grab‹, erklärte sie, ›weil ich die Ayah (das Kindermädchen) der kleinen Ruth war. Als Ihre Großeltern hierher kamen und uns die Geschichte von Jesus erzählten, wusste ich nicht, was ich davon halten sollte. Aber als ich sah, dass der weiße Mann und seine Frau genauso weinten wie wir, wenn wir ein Kind verlieren, da wusste ich, dass sie uns nichts vormachten, und von da an hörte ich ihnen genau zu und kam zum Glauben.‹ Sechzig Jahre lang hatte sie das kleine Grab treu gepflegt.«

Annette zeigte mir ein Stück des Kreuzes, das Sven ihr mitgebracht hatte. Er hatte den Namen ihrer Schwester und ihr Geburts- und Todesdatum hineingeritzt. Wir weinten zusammen, und dann erinnerte ich sie daran, dass es heute eine lebendige, starke Kirche in Tansania gibt, wo unsere Eltern als Missionare gearbeitet und ihre geliebten Töchter zu Grabe getragen hatten. Mit ihren 2,3 Millionen Mitgliedern ist sie sogar die größte lutherische Kirche in Afrika.

Die Welt ist rund, und was wie das Ende aussieht,
könnte auch der Anfang sein. *Ivy Baker Priest*

Als Kind hatte ich oft Träume, von denen ich glaubte, dass ich in ihnen meine Geburt noch einmal erlebte. Selbst als Jugendliche träumte ich immer wieder das Gleiche, und der Traum endete stets mit dem wunderbaren Gefühl von Freiheit und Licht. Ich träumte, ich befände mich in einem sehr engen Raum, zu dem ich durch das Schlüsselloch im Schreibtisch meines Vaters im Schlafzimmer gelangt war. Irgendwie kämpfte ich mich frei, aber dann fiel und fiel ich. Ich hörte und fühlte die Strömung eines Wasserfalls. Ich sah, wie dieser Wasserfall sich in ein enges Tal ergoss, und hatte ein unbeschreibliches Gefühl der Freude. Ich war frei und zugleich geborgen. Kein Wunder, dass ich mich später so stark für die Empfindungen von ungeborenen Kindern während der Schwangerschaft und Geburt interessierte und begeistert einen lebhaften Austausch mit Hebammen und Ärzten auf der ganzen Welt pflegte. Auch wenn es nicht von allen anerkannt wird, ist es doch eine Tatsache, dass unsere Geburtsgeschichte eine tiefe Spur in unserem Leben hinterlässt und unser Wesen prägt.

Zweimal konnte ich meinen Geburtsort besuchen. Das erste Mal begleitete mich meine Mutter, so dass sie mir genau das Zimmer im Bruno-Gutmann-Haus zeigen konnte, in dem ich zur Welt gekommen war. Bruno Gutmann war ein deutscher Pioniermissionar, der 1902 ins Stammesgebiet der Chagga gekommen war. Wie keinem anderen war es ihm gelungen, die Geschichte und die Sitten des Chagga-Volkes schriftlich festzuhalten. Bei seiner missionarischen Arbeit lernte Gutmann die Sippe, dic Nachbarschaft und die Altersgruppe als drei ursprüngliche menschliche soziale Bindungen kennen. Er war fest davon überzeugt, dass das Evangelium an diesem Punkt anknüpfen konnte, um christliche Gemeinden hervorzubringen und zu stärken. Auf diese Weise werden ganze Familien und Sippen erreicht, nicht nur das Individuum.

Bruno Gutmann gab uns mit seiner Arbeit den ersten Anstoß, die Familie als »Landeplatz« für das Evangelium zu sehen, was für unsere spätere Arbeit eine grundlegende Bedeutung bekam. »Die Familie ist der beste Landeplatz für das Evangelium«, war seine glühende Überzeugung – wie auch die meines Vaters und meines Mannes. Genau genommen lag darin ihre Leidenschaft und Freude an ihrem Dienst.

Das erste Mal, dass ich das Bruno-Gutmann-Haus als Erwachsene betrat, war 1961; das stabile Gebäude aus Stein wurde als Geburtsklinik für die Chagga-Frauen genutzt. Dann dauerte es noch einmal 35 Jahre, bis ich mit zwei meiner Söhne dorthin zurückkehren und ihnen das Haus zeigen konnte. Die Geburtsklinik gab es immer noch. Die Hebamme führte uns herum und zeigte uns das Entbindungszimmer. Ich gratulierte der afrikanischen Mutter, die gerade im selben Raum ein Kind zur Welt gebracht hatte wie meine Mutter vor siebzig Jahren.

Leidenschaft und Mitleiden haben sehr viel miteinander zu tun. Afrika, das Land meiner Geburt, der Ort, wo mein Vater begraben ist und wo vier meiner Kinder zur Welt kamen, ist für mich der Kontinent, dem meine Leidenschaft wie auch mein Mitleid gilt. Darum kann ich meine Geschichte nicht erzählen, ohne sie mit diesem Kontinent und diesen Menschen, die ich liebe, zu verknüpfen. Es tut mir weh, wenn ich spüre, dass selbst unter Christen kaum Interesse daran besteht, was auf diesem großen Kontinent geschehen ist und geschieht.

Die Verheißung und der Segen am Morgen meiner Geburt haben so etwas wie einen goldenen Abdruck auf meinem Leben hinterlassen. Ich beende dieses Kapitel mit den Worten, die ich seit meiner Kindheit singe, mit denen ich den neuen Tag begrüße und Gott für das Wunder eines neuen Anfangs danke:

Die Güte des Herrn hat kein Ende.
Sein Erbarmen hört niemals auf.
Es ist neu jeden Morgen.
Groß ist deine Treue, o Herr.

nach Klagelieder 3,22-23

2. Wurzeln – Geborgenheit

Die Vergangenheit ist der Ort,
von dem aus wir die Gegenwart betrachten.
Frederick Buechner

Mein erstes Lebensjahr verbrachte ich mit zwei Ozeanüberquerungen und der Reise durch drei Kontinente. Im Rückblick kann ich meine lebenslange Sehnsucht nach einem Ort der Geborgenheit gut verstehen.

Ahornbäume säumten unsere lange Auffahrt mitten in den sanften Hügeln der südlichen Ozarks von Missouri. Im Frühling blühten die Obstbäume, so weit das Auge reichte. Die Äste meines Lieblingsbaums waren so wunderbar gewachsen, dass schon ein kleines Kind dort Zuflucht finden und sich an den kräftigen Stamm lehnen konnte, ohne einen Absturz zu riskieren. Manchmal, vor allem, wenn mein Vater nicht zu Hause war, kletterte ich in diesen Baum, wo niemand mich sehen konnte und ich mich geborgen fühlte. Ich umarmte den Stamm, als wäre er mein einziger Freund, und ließ meinen Tränen freien Lauf. Es tat mir so gut, mich an etwas festzuhalten, was sich nicht veränderte und was immer da war, wenn ich es dringend brauchte. An anderen Tagen fühlte ich mich plötzlich sehr stark, wenn ich in den Zweigen saß und die Welt unter mir zurücklassen konnte. Der Blick von oben ließ meine eigenen Sorgen sofort viel kleiner werden.

Nachdem sie die Hänge des schneeglänzenden Berges mit ihren drei kleinen Kindern verlassen hatten, machten meine Eltern auf ihrem Heimweg nach Amerika Besuche in Deutschland und Schweden. Ihr erster Aufenthalt war in Leipzig. Ich hatte natürlich keine Ahnung, was für eine wichtige Rolle diese Stadt für meine Zukunft spielen würde. Kierkegaard hat einmal gesagt, dass man das Leben vorwärts leben muss, es aber nur rückwärts verstehen kann. Die schwierige Aufgabe, eine Autobiographie zu schreiben, hat mir geholfen, diese Worte zu verstehen. Langsam verstehe ich mein Leben »rückwärts« auf ganz neue Weise. Es kommt mir vor, als würde ich in diesen Baum meiner Kindheit klettern und mein Leben aus einer Perspektive betrachten, die außerhalb der Zeit liegt. Ich sehe mein Leben und was ich daraus gemacht habe auf eine Weise, wie Gott es vielleicht sieht, und ich kann nur ehrfürchtig staunen, wie er für mich gesorgt hat.

Mein Vater, Ralph Hult, der als Superintendent der Amerikanischen Lutherischen Mission in Tanganjika gearbeitet hatte, wollte sich mit dem Leipziger Missionsdirektor Ihmels über eine zukünftige Zusammenarbeit von amerikanischen und deutschen Missionaren in diesem Land beraten. Tanganjika war keine deutsche Kolonie mehr, sondern gehörte jetzt zu Britisch-Ostafrika. Später, mit seiner Unabhängigkeit im Jahr 1962, sollte sein offizieller Name »Tansania« werden, eine Verbindung von Tanganjika und Sansibar.

Ihre Gespräche führten zu großer Übereinstimmung und gegenseitigem Verständnis. Die Deutschen erhielten die Zusicherung, dass sie mit der guten Arbeit, die sie angefangen hatten, fortfahren konnten. Die amerikanischen Missionare wollten sich dann mit ihren Pioniereinsätzen auf die Hochebene im Zentrum Tansanias konzentrieren.

Nur ein paar Straßen von dem Leipziger Missionshaus entfernt, in dem mein Vater sich mit Direktor Ihmels traf, wuchs sein zukünftiger Schwiegersohn auf. Da war Walter gerade drei Jahre alt. Als erstgeborener Sohn wuchs er sehr behütet auf. Seine Eltern waren beide Lehrer. Wie ich Walter später kennen lernen sollte, ist nur eine der vielen Überraschungen Gottes für mein Leben. Ralph und Walter sind einander auf dieser Erde allerdings niemals begegnet.

Nachdem sie Deutschland verlassen hatten, genossen meine Eltern einige ruhige, erholsame Monate in Schweden. Ein Aufenthalt in einem Einkehrhaus für Missionare in Malmö tat ihnen körperlich und seelisch besonders gut. In diesem »geborgenen Hafen« entstand in ihnen eine Vision für ihren zukünftigen Dienst. Wenn sie aus finanziellen oder kirchenpolitischen Gründen nicht nach Afrika zurückkehren könnten, dann könnten sie vielleicht in ihrem eigenen Land einen solchen Ort des Friedens und der Geborgenheit schaffen.

Heimgehen ist eine lebenslange Reise. *Henri Nouwen*

Als Symbol für diesen Traum kaufte meine Mutter in Schweden einen wunderschönen handgewebten Stoff, um eine Tischdecke zu nähen. Sie hatte nie die Zeit, ihn zu besticken. Zwei Jahrzehnte später überreichte sie ihn mir mit den Worten: »Bitte, mach etwas Schönes daraus.«

Als Hochzeitsgeschenk bestickte eine dänische Kollegin den Stoff mit einem skandinavischen Muster. Diese wertvolle Tischdecke schmückte jeden Tisch, den ich hatte – in Afrika, in Österreich und jetzt in den Ozarks –, und erinnert mich immer an mein schwedisches Erbe. Es gibt nur weniges, das in meinem geographisch unruhigen Leben immer bei mir geblieben ist. Dieses Stück Stoff gehört dazu, das greifbare Symbol für eine »Heimat«, egal, an welchem Ort der Welt ich mich befinde.

Die restliche Zeit unseres Heimaturlaubs verbrachten wir in Wahoo in Nebraska. Mein Vater mietete dort ganz in der Nähe meiner geliebten Großmutter ein Haus. Johanna Mathilda Lind Hult war in Haerlunda bei Skara in Västergötland zur Welt gekommen. Im Jahr 1872 hatte sie zusammen mit ihren Eltern und drei Geschwistern Schweden verlassen und war in die USA ausgewandert. Meine frühesten Erinnerungen an einen Ort der Geborgenheit bestanden aus dem geschützten Platz unter Großmutters Herd, der auf vier Beinen stand. Darunter konnte ich friedlich und nach Herzenslust spielen, ohne von meinen Brüdern gestört zu werden.

Als ich achtzehn Monate alt war, wurde meine Schwester Veda geboren. Als Erwachsene erzählte ich ihr einmal, dass ich mich nicht erinnern kann, jemals auf dem Schoß meiner Mutter gesessen zu haben. »Natürlich konntest du das nicht«, antwortete sie, »denn ich bin gekommen und habe dich von dort verdrängt.«

Warum kam diese Frage erst zwischen uns auf, als wir beide erwachsen waren? Ich kann mich nicht erinnern, dass ich jemals eifersüchtig auf meine Geschwister gewesen wäre. Ich war sehr stolz auf sie. Als Kind fühlte ich mich auf jeden Fall nicht vernachlässigt. Vielleicht lag es daran, dass ich wusste: Ich konnte jederzeit auf den Schoß meines Vaters klettern. Zwischen uns bestand eine ganz besondere Nähe. Ich war seine älteste lebende Tochter nach zwei Söhnen, und ich konnte immer auf seine Liebe zählen.

Dann kam die Weltwirtschaftskrise der frühen dreißiger Jahre. Unsere Missionsleitung brauchte drei Jahre, um sich darüber klar zu werden, dass sie nicht mehr sowohl in West- als auch in Ostafrika Missionsarbeit leisten konnte. Schließlich wurde die Entscheidung getroffen, die Arbeit und die vorhandenen Mittel auf Ostafrika zu konzentrieren. Einer der Gründe war, dass es in wirtschaftlicher Hinsicht für eine amerikanische Mission praktischer war, in einem englischsprachigen Gebiet wie Tansania in Ostafrika zu arbeiten, als im französischsprachigen Westafrika. Mein Vater befand sich in einer verzwickten Lage. Nach seinen früheren Erkundungsreisen in Westafrika hatte er dem Volk der Sara in Tschad fest versprochen, dass er dorthin zurückkehren würde. Während er abwartete, wie Gott ihn weiter führen würde, arbeitete er als Pastor in Verona, einer Stadt im Südwesten von Missouri, in einer kleinen lutherischen Gemeinde.

In dieser Zeit kamen meine Eltern zu dem Schluss, dass die Ozarkregion sich gut eignete, um ihre Kinder dort aufwachsen zu lassen. Es war eine hügelige, weite Landschaft, wo Kinder ungestört und mit vergleichsweise wenig Geld aufwachsen konn-

Ingrid mit sechs Monaten

ten. 1931 kauften sie eine 20 Hektar große Obstfarm am Rand von Springfield. Das Haus nannten wir Betanien, weil es wie das Haus von Maria und Marta sein sollte, wo Jesus so gern zu Gast war. Das wurde für zehn Jahre unser Zuhause. Ich war damals vier Jahre alt – in einem Alter also, wo ein Kind anfängt Wurzeln zu schlagen, die es bis zu seinem Lebensende behält.

Wenn Verwandte zu Besuch kamen – oft aus so fruchtbaren Anbaugebieten wie Nebraska oder Illinois –, begutachteten sie unsere steinigen Böden mit zweifelndem Blick und fragten meinen Vater: »Ralph, was um alles in der Welt soll hier wachsen?«

»Bäume und Kinder«, antwortete er ruhig.

Ludwig Melander, ein Freund und Kollege meines Vaters, von uns »Onkel Lud« genannt, stellte ihm noch eine weitere Frage: »Ralph, tut es dir nicht Leid, dass du nicht auf dem Missionsfeld dienst?«

»Aber ich habe doch mein Missionsfeld«, widersprach Vater. »Meine Kinder sind mein Missionsfeld.«

Die Mauern unseres kleinen Hauses bestanden aus genau solchen Steinen, wie sie unsere Verwandten auf den Feldern so misstrauisch beäugt hatten. Über das Harmonium im Wohnzimmer hängte Vater ein Gemälde der »SS Gripsholm«, des damals berühmten, nagelneuen schwedischen Schiffes, das unsere Familie 1926 über den Atlantik gebracht hatte. Für unser Häuschen mit seinen drei Zimmern war dieses Bild ein Fenster zur Welt. Das galt auch für die 1,80 mal 2,40 Meter große Afrikakarte, die Vater an einer anderen Wand anbrachte. Das dritte Bild, das er aussuchte, fiel gleich ins Auge, wenn man zur Tür hereinkam. Es zeigte Ansgar, wie er predigte und einigen wild aussehenden Männern ein Kreuz hinstreckte.

»Der heilige Ansgar war ein bemerkenswerter Mann. Er verließ im 9. Jahrhundert das Frankenreich und wurde der erste Missionar für Skandinavien«, erklärte uns Vater. Kein Wunder, dass die Weltmission immer einen besonderen Platz im Herzen der Hult-Kinder hatte.

Unser Zuhause war in vieler Hinsicht gesegnet. Trotz materieller Härten herrschte immer viel Liebe unter uns. Die wachsende Familie hatte bald nicht mehr unter einem Dach Platz. Darum hatten wir zusätzlich zwei kleine Hütten zum Schlafen – eine für die älteren Jungen und eine für die Mädchen.

Wenn ich auf mein Leben zurückschaue, wird mir klar, wie wichtig es für mich gewesen ist, eine enge Beziehung zu meinen Geschwistern zu haben. Wir waren sogar noch mehr aufeinander bezogen und noch stärker voneinander abhängig, als wir unseren Vater so unerwartet und früh verloren.

Ich habe fünf Brüder und vier Schwestern. John ist nur wenig älter als ich. Wir verstanden uns ganz großartig. Schon in der Kindheit war er mir besonders nahe, so wie meine Schwester Veda. Sie war meine Lieblingsschwester. Veda ist Krankenschwester und arbeitete jahrelang in Tansania, in einem Leprakrankenhaus. John wurde ein beliebter Kinderarzt. Er ging als Missionsarzt auch nach Tansania.*

* Auszug aus: John E. Hult: *Growing up in the Ozarks*, Quiet Waters Publications, Bolivar MO 2001

Betanien 1934. Davor Ingrids kleiner Bruder Karl, drei Jahre alt

Wir waren alle tierlieb, aber John interessierte sich leidenschaftlich für Tiere, besonders für Vögel und Insekten. Wenn er so ein Tier beobachten konnte, vergaß er alles um sich her. Seine liebsten Vögel waren Rotkehlchen. Er liebte ihr Zwitschern und beobachtete sie beim Nestbau. Dann versuchte er, eine gute Stelle zu finden, von der er beobachten konnte, wie das Männchen und das Weibchen ihre Jungen versorgten. Jeden Tag gab er uns beim Mittagessen die neuesten Nachrichten bekannt: »Das Rotkehlchen hat heute das vierte Ei gelegt!« Oder: »Das erste Junge ist ausgeschlüpft!«

Als er sechs Jahre alt war, baute ein Rotkehlchenpaar sein Nest in einem unserer großen Apfelbäume. John bezog seinen Beobachtungsposten auf dem nächsten großen Ast, von dem er bequem alles sehen konnte, was sich am Nest tat. Jeden Tag kletterte er in den Baum, um nachzusehen, ob die Jungen schon ausgeschlüpft waren. Dann sah er zu, wie die Eltern die Kleinen fütterten. Als die winzigen Rotkehlchen schon halb so groß waren wie ihre Eltern, hörte er eines Tages aufgeregtes Zwitschern der Eltern. Sie flatterten hektisch um das Nest herum.

Als er in Windeseile hinaufgeklettert war, sah er gerade noch, wie dicht vor ihm eine große schwarze Schlange das letzte Junge auffraß. Es war ein schreckliches Erlebnis für ihn.

Bei uns gab es immer wieder mal eine Nachtigall. John liebte ihren Gesang. Es begeisterte ihn, dass sie den Gesang fast aller anderen Vögel nachahmen konnten. Eine machte sogar mit Vorliebe das Klingeln unseres Telefons nach!

John war ein Junge, der viele Streiche ausheckte. Aber manchmal lag es nicht nur an ihm, wenn er Schwierigkeiten bekam. Einmal war er mit Jimmy, einem Jungen aus seiner Klasse, den er sehr mochte, in der Pause draußen. Jimmy stritt sich mit Susie, einem Mädchen aus ihrer Klasse, und rief schließlich John zu: »John! Gib ihr einen Tritt von mir!« John wollte Jimmy imponieren. Deshalb gab er Susie einen heftigen Tritt vors Schienbein. Dann bekam er große Angst und versteckte sich. Aber es half ihm nichts. Die Lehrerin stellte ihn vor die Klasse und fragte ihn mit ernster Miene, ob er Susie getreten habe. Er gab es sofort zu. Die Strafe lautete: »Entweder bleibst du nach der Schule hier und kriegst den Hintern verhauen oder du gibst Susie einen Kuss und entschuldigst dich bei ihr.« John hatte große Angst vor den Schlägen. Er überlegte, dass er ja uns, seine Schwestern, jeden Tag küsste. Was sollte daran so schrecklich sein, es auch einmal bei Susie zu tun? Also ging er gesenkten Kopfes zu ihrem Platz, küsste sie leicht auf die Wange und sagte: »Es tut mir wirklich Leid, Susie.«

Aber er hatte nicht mit der Reaktion der anderen Jungen in der Klasse gerechnet. Sie brachen in schadenfrohes Kichern aus. Nach der Schule machten sie sich weiter über ihn lustig und sangen: »Johnny hat ein Mädchen geküsst! Johnny hat ein Mädchen geküsst!« Noch monatelang verging kein Tag, wo er nicht von irgendeinem Jungen draußen daran erinnert wurde!

Bäume waren die Freunde meiner Kindheit. Sie luden mich leise ein, nach draußen zu kommen. Sie versprachen mir Geborgenheit, Schönheit und Zeit zum Träumen. Manchmal war es sehr schwer für mich, mich nicht schuldig zu fühlen, wenn ich lieber allein sein wollte, als meiner Mutter zu helfen.

Es machte mir ungeheuren Spaß, mit meinen Brüdern und Schwestern im Wald zu spielen. Ich kann mich daran erinnern, dass ich sogar im sanften, erfrischenden Regen nach draußen ging. Ich beobachtete, wie die grünen Blätter braun wurden und dann wieder grün, je nach der Jahreszeit. In meiner Phantasie lauschte ich den tausendfachen Geräuschen plätschernder Quellen und spürte deutlich, dass ein frischer neuer Geist in der Luft und in meinem Herzen Einzug hielt. Meine Brüder erkundeten um unser Haus herum jeden Zentimeter des Waldes und kletterten so hoch auf die Bäume, wie sie es gefahrlos – oder nicht ganz so gefahrlos – schafften. Sie schwangen sich an gefährlich herunterhängenden Kletterpflanzen vom Baum oder probierten aus, wie hoch sie einen Holzstapel machen konnten, bevor er umfiel.

Eine meiner Lieblingsbeschäftigungen war es, mir ein Haus auszudenken und die einzelnen Räume mit Stöcken auf dem Boden zu entwerfen. Auf diese Weise schuf ich mir neue innere Räume, wenn ich mich durch die Haushaltspflichten und die vielen Erwartungen, die die Erwachsenenwelt an mich hatte, eingeengt fühlte.

Dreimal am Tag scharten wir uns zum Essen um einen großen rechteckigen Tisch, der einmal als Verkaufstisch in einem Laden gedient hatte. Wenn wir uns vor unsere Schüsseln mit heißer Getreidegrütze gesetzt hatten und die Morgensonne durch die französischen Fenster hereinschien, nahmen wir uns an den Händen und sangen: »Again Thy glorious sun …« (»Wieder geht deine herrliche Sonne auf …«).

Mutter konnte gut kochen, und sie schaffte es auch mit wenig Haushaltsgeld, ihre zehn Kinder satt zu bekommen und gesund großzuziehen.

»Du hast eine wunderbare Mutter, Ingrid«, sagte eine meiner Tanten einmal zu mir. Danach betrachtete ich Mutter mit ganz neuem Respekt, denn ich dachte, alle Mütter wären wie sie. Heute weiß ich, was für eine ungewöhnliche Frau sie war.

Nach dem Abendessen, zu dem immer Obst und Gemüse aus unserem eigenen Garten gehörten, las Vater uns aus Hurlburts Kinderbibel vor. Wir stellten uns um unser kleines Harmonium, auf dem wir Kinder alle spielen lernten, sangen unser Lieblingslied, »Kinder des himmlischen Vaters«, und beteten zusammen die Verse aus Psalm 67, die in die Eheringe unserer Eltern eingraviert waren. Sie sind eine Bitte um Gottes Segen, so »dass man auf Erden erkenne seinen Weg, unter allen Heiden sein Heil«.

Vater erzählte uns oft von seinen Abenteuern als Pioniermissionar und zeigte uns auf der großen Afrikakarte an der Wand die Orte und seine Reiserouten. Achtzehn Monate lang war er durch das Innere Westafrikas gereist. Er hatte seine Braut in den USA gelassen und war einem Ruf in den Sudan gefolgt. Er hatte mehr als hundert Stämme in Nordkamerun, Tschad und Französisch-Äquatorialafrika besucht.

Wenn ich zurückdenke, fällt mir auf, dass ich seine Gründe, Mutter zurückzulassen, nie in Frage stellte, und dass ich erst viel später verstand, welches Opfer das für beide bedeutet haben musste. Stattdessen faszinierte mich die kunstvoll gestaltete, in Leder gebundene Ausgabe des Korans, die er vom Lamido, dem Sultan oder großen Stammeshäuptling Rey Bouba in Nordkamerun als Geschenk erhalten hatte. Ein anderer Stammesfürst, der Häuptling der Sara im Tschad, hatte Vater mit den Worten begrüßt: »Seit fünf Jahren sehen wir die Straße hinauf und hinunter und warten darauf, dass ein Mann Gottes kommt und uns lehrt. Wir haben den Namen ›Allah‹ gehört, aber wir wissen nicht, wie wir mit ihm reden sollen. Bitte bleib bei uns.«

Darum hatte Vater ihnen versprochen, dass er zurückkommen würde. Es dauerte eine ganze Generation, bis dieses Versprechen wahr wurde – durch seine Kinder.

Willa Cather, eine Schriftstellerin, die ich sehr mag, hat einmal gesagt: Wo wir die Jahre zwischen vier und vierzehn verbringen –

vorausgesetzt, es sind glückliche Jahre und nicht mit schrecklichen Erfahrungen belastet –, ist der Ort, an dem sich unsere Wurzeln bilden. Für mich trifft das auf jeden Fall zu. Egal, auf welchem Kontinent ich lebte, mein Maß für Entfernungen war immer, wie weit etwas von Springfield in Missouri weg war. Dieser Ort ist für mich die Mitte meiner Welt. Jetzt, in meinen späten Jahren, wird mir bewusst, dass ich nur deshalb so viel unterwegs sein kann, weil ich weiß, wo meine Wurzeln sind. Und weil ich weiß, wo mein Zuhause ist, kann ich für andere ein Zuhause sein.

Leben ist das erste Geschenk,
Liebe das zweite
und Verstehen das dritte. Marge Piercy

Als ich fünfeinhalb war, war ich nach Ansicht meiner Eltern alt genug für die Dorfschule neben unserem Grundstück, in die bereits meine beiden älteren Brüder Paul und John gingen. Dort gab es dreißig Schüler in acht Klassenstufen – und alle wurden in einem Raum unterrichtet. Ich kann mich nicht erinnern, dass jemand mich Lesen lehrte. Ich hatte es mir mit Hilfe der Kinderbücher, die wir zu Hause besaßen und die meine Brüder mir vorlasen, schon selbst beigebracht. Wir hatten auch in der Schule eine gute Bibliothek. Von neun Uhr morgens bis vier Uhr am Nachmittag mit nur einer Stunde Mittagspause auf einer harten Schulbank zu sitzen, war richtig Arbeit. Aber es machte mir großen Spaß, in der geborgenen Atmosphäre des Schulzimmers ein Buch nach dem anderen zu lesen und dabei das Murmeln der anderen Kinder, die ihre Aufgaben lernten, gar nicht mehr wahrzunehmen. Ich fand es sogar schade, wenn unsere Lehrerin bekannt gab, dass die Schule zwei Tage ausfallen würde, weil sie zu einer Lehrerkonferenz fahren musste. Die Erfahrung in einer Schule mit nur einem einzigen Klassenzimmer war mir später sehr nützlich, als ich in Afrika Missionarskinder in einer ähnlichen Umgebung unterrichtete.

Neben meinen Eltern gab es für mich nun eine weitere Autorität in meinem Leben: meine geliebte Lehrerin Flo Young. Mit ihren tiefblauen Augen, ihrer porzellanweißen Haut und ihren schwarzen Locken erschien sie mir als die schönste Frau der Welt. Und da ging es nicht nur mir so. Jahre später erzählte sie mir von einem meiner Mitschüler in der ersten Klasse, Jim Miller, der von ihrem Charme hingerissen war. Sie hatte damals ein Zimmer bei seinen Eltern gemietet, wie es auf dem Land üblich war. Neben ihrer Aufgabe als Lehrerin war sie auch für die Reinigung des Schulhauses zuständig.

Eines Tages, nachdem sie ihre hausmeisterlichen Pflichten erledigt hatte, nahm sie ihre Bücher und wollte die zwei Kilometer mit ihrem jungen Bewunderer nach Hause gehen. Ungefähr auf halbem Weg hielt er es nicht mehr aus.

»Miss Flo«, sagte er, »ich brauche dringend einen Kuss.«

Sie lächelte, legte ihre Bücher am Wegrand ab, umarmte Jim und küsste ihn auf die Wange.

Geburtstage waren etwas Besonderes. Da meiner im Februar ist, war es normalerweise kalt. Einmal, bevor die großen Mädchen ihren Schlafplatz in die Hütte verlegen mussten, wachte ich auf und hörte, wie mein Vater in dem kleinen Eisenofen im Wohnzimmer Feuer machte. Ich hielt meine Augen geschlossen und stellte mich schlafend, als mein großer Bruder Paul meinen Vater erinnerte: »Heute ist Ingrids Geburtstag. Ich werde nie vergessen, wie sie geboren wurde. Da waren viele afrikanische Frauen, die vor unserem Haus sangen, und davon wachte ich auf. Zuerst hatte ich Angst. Aber dann bist du gekommen und hast mir das neue Baby in deinem Arm gezeigt.«

»An die Geräusche und die Aufregung damals werde ich mich immer erinnern«, sagte Vater mit gedämpfter Stimme, weil er niemanden wecken wollte. »Über Ingrids Geburt habe ich mich ganz tief gefreut. Ich war so sicher wie nie zuvor, dass wir genau dort waren, wo Gott uns haben wollte.«

Ihre Worte gaben mir das Gefühl, etwas Besonderes zu sein.

Dankbarkeit füllt das Herz mit Freude. *Unbekannter Verfasser*

Am Frühstückstisch sang die Familie »Happy Birthday« für mich, und ich war immer ein bisschen verlegen, weil ich nicht wusste, wo ich hinschauen sollte. Sollte ich mitsingen oder nicht? Sollte ich meine Freude zeigen? Am Abend feierten wir dann jeden Geburtstag auf die gleiche Weise. Anstelle der üblichen Wachstuch-Tischdecke legte Mutter eine weiße, handgewebte afrikanische Decke auf den Tisch. Liebevoll stellte sie zwei Kerzenständer aus Ebenholz in die Mitte. Die Krönung war eine Kristallschale, ein kostbares Hochzeitsgeschenk meiner Eltern. Sie war mit einem besonderen Pudding oder einem Dessert aus Früchten gefüllt. Eine runde, aus zwei Schichten bestehende Geburtstagstorte, geschmückt mit der richtigen Anzahl Kerzen, thronte stolz neben der Kristallschale. Bei diesem festlichen Anlass hielten wir uns alle an den Händen und sangen zusammen. Ich wusste, dass ich immer zu dieser Familie gehören würde und mich auch in Zukunft nicht vor Einsamkeit fürchten musste.

In meiner Erinnerung gab es in jenen Jahren wenige Spannungen zwischen meinen Eltern. Wenn sie ein ernsthafteres Problem zu diskutieren hatten, bat Vater um einen gemeinsamen Spaziergang. Mutter gab mir dann den Kochlöffel in die Hand, erklärte mir, wie ich das Essen fertig kochen sollte, und weg waren die beiden.

Mutter hörte verständnisvoll zu, wenn Vater von seinen Lebensträumen erzählte. Sie sprach ihm in bedrückenden Zeiten immer wieder Mut zu. Das Leben während der großen Depression der dreißiger Jahre war schwer, weil die Menschen ganz wenig Geld hatten. Ich erinnere mich besonders an eine Situation, wo Vater beim Essen in ziemlich bitterem Ton von seinen nicht realisierbaren Vorstellungen redete.

»Ralph, bist du da nicht etwas zynisch?«, fragte Mutter ruhig. Da dieses Wort nicht zum Vokabular einer Zehnjährigen gehörte, schlug ich es in unserem Familienwörterbuch nach. Hatte sich mein Vater wirklich spöttisch oder sogar bissig geäußert?

Mein Anwalt Jack Appelquist, der meine Eltern als junger Mann gekannt hatte, sagte Jahre später zu mir: »Es hat mich immer beeindruckt, mit welcher Würde Ihre Eltern ihre Notlage während der Weltwirtschaftskrise ertragen haben, und dass sie keine Bitterkeit zeigten, obwohl sie kaum genug zum Leben hatten.« Vielleicht hatten sie diese Haltung von ihren afrikanischen Freunden gelernt.

Sorgt euch um nichts,
sondern in allen Dingen
lasst eure Bitten
in Gebet und Flehen
mit Danksagung vor Gott kundwerden.
Philipper 4,6

Wir hatten unser 20 Hektar großes Grundstück mit einem Finanzierungsplan von HOLC (Home Owners' Loan Corporation) gekauft. Die monatliche Rate betrug 17,25 Dollar. Immer wenn wir einen Scheffel Äpfel von unseren Obstbäumen verkauften, legten wir das Geld in eine silberne Tasse, auf der Vaters Initialen eingraviert waren. Für die guten Äpfel, die wir direkt vom Baum pflückten, bekamen wir einen Dollar pro Scheffel. Für das Fallobst, das wir unter dem Baum auflasen, 25 Cent. Ich erinnere mich besonders an den letzten Tag eines bestimmten Monats. Wir schauten alle zu, wie Vater seine silberne Babytasse ausschüttete. Zusammen zählten wir den Inhalt. Der Betrag reichte genau für die Hypothek dieses einen Monats! Für mich war das eine der ersten Lehrstunden im Glauben.

Ein anderes Ereignis, an das ich mich lebhaft erinnere, war, wie Vater einmal mit leuchtenden Augen aus der Stadt zurückkam. Stolz zeigte er Mutter einen 10-Dollar-Schein, den ein Freund ihm für seine große Familie geschenkt hatte.

»Wie wunderbar! Damit können wir endlich Linoleum für den Küchenboden kaufen«, war Mutters erste frohe Reaktion. »Der lässt sich so viel leichter reinigen.«

»Oh, ich habe mich schon nach einem gebrauchten Radio umgesehen. Für zehn Dollar können wir ein ziemlich gutes bekommen«, antwortete Vater mit breitem Lächeln.

Wir kauften das Radio. Dadurch wurde Vater in meinen Augen zum Helden. Erst im Nachhinein ahnte ich etwas von den Opfern, die Mutter bringen musste, wenn sie seine Seelengefährtin sein und ihm den Rücken stärken wollte. Unter anderem bedeutete das für sie, auf das Linoleum in der Küche zu verzichten.

Schnell wurde es zur Familientradition, dass wir abends zusammensaßen und bestimmte Programme in unserem kostbaren ersten Radio anhörten. Für die Klassikstunde am Sonntagabend drehte Vater das Licht aus. Wir saßen dicht beieinander, während er uns die Musik erklärte. Gespannt hörten wir zu. Dieser bewusste Genuss der Musik wurde für uns zur Gewohnheit, die wir alle in unser Erwachsenenleben mitnahmen.

Mein Vater war geduldig, nachsichtig, hartnäckig und warmherzig. Uns, seine Kinder, behandelte er immer als einzigartige Persönlichkeiten. Er vertraute uns. Die wichtigste Quelle der Geborgenheit für mich war, zu wissen, dass er meine Mutter liebte und sie ihn. Sie lebten, was Joseph Baley in seinem »Psalm der Liebe« so ausdrückt:

> Danke für Kinder,
> die ins Leben gerufen wurden,
> weil wir liebten.
>
> Gott der Liebe,
> lass uns weiterlieben,
> damit sie
> aufwachsen können
> im Überfluss der Liebe.

Mein Vater hatte in diesen Jahren keine eigene Gemeinde. Es waren wirtschaftlich sehr harte Zeiten. Hin und wieder übernahm er Vertretungsdienste. Sonst war er als Reiseprediger, Buchverkäufer und Arbeiter im Straßenbau tätig, um das Geld für seine große Familie zu verdienen.

Wenn er zu Hause war, feierten wir den Gottesdienst am Sonntagmorgen bei uns zu Hause. Dann hatte jedes der älteren Kinder einzeln Sonntagsschulunterricht bei Vater. Wir saßen mit ihm zusammen an seinem Schreibtisch, und die Kinderbibel lag aufgeschlagen vor uns. Ich erinnere mich an einen Sonntag im Advent. Wir hatten gerade die Geschichte in Lukas 1 gelesen, wo der Engel Gabriel Maria verkündet, dass sie ein Kind bekommen wird, obwohl sie niemals mit einem Mann geschlafen hat.

Es war der richtige Moment, um mir vom Wunder des Lebens zu erzählen und woher die Babys kommen. Ich war neun Jahre alt. Vater sagte mir auch, dass diese körperliche Gemeinschaft zwischen Mann und Frau allein in die Ehe gehört.

»Hast du mit Mutter geschlafen, bevor ihr geheiratet habt?«, fragte ich ihn voller Vertrauen.

Er versicherte mir, dass er es nicht getan hatte: »Ingrid, ich möchte, dass du über die Zukunft nachdenkst«, sagte er mit seiner warmen Stimme. »Auch wenn du noch nicht zehn bist, ist es nicht zu früh, wenn du jetzt anfängst, für deinen zukünftigen Mann zu beten.« Ich schaute ihm in die Augen und nahm seinen Rat ernst. Von jenem Tag an betete ich vertrauensvoll für meinen mir noch unbekannten Lebenspartner.

Während mein Vater mich im Glauben unterrichtete, war es meine Mutter, die mir alles Wichtige über die Babypflege beibrachte. Ein neues Baby in der Familie löste immer große Freude aus. Wir älteren Kinder rannten zur Schule, um zu sehen, wer als Erster unserer Lehrerin und unseren Nachbarn die frohe Botschaft verkündigen konnte. Stolz hörten wir zu, wie der Ansager unserer lokalen Radiostation vom neuen Familienzuwachs bei den Hults berichtete.

Als älteste Tochter durfte ich das Baby baden, nachdem Mutter mir liebevoll gezeigt hatte, wie man es machte. Sie breitete ein großes Badehandtuch auf unserem Esszimmertisch aus. Dann nahm sie eine weiß emaillierte Waschschüssel, füllte sie mit Wasser, das sie auf dem Küchenherd gewärmt hatte, und machte mir vor, wie man die Temperatur vorsichtig mit dem Ellbogen prüfen konnte. Zuerst reinigte sie das Gesicht des Babys sanft mit einem weichen Waschlappen. Sie machte sich mit einem

Ralph und Gertrude Hult mit ihren zehn Kindern 1939. Hintere Reihe von links nach rechts: John, Ingrid, Veda, Eunie. Vordere Reihe von links: Martha, Carl, Mary, David, Gustav. Neben der Mutter Paul. Das letzte Bild der Familie vor der Ausreise des Vaters nach Tanganjika

Wattebausch einen Tupfer und tauchte ihn in die Flasche mit dem kostbaren Olivenöl, das für das neue Baby gekauft worden war. Geschickt reinigte sie die Nasenlöcher und die Ohren. Nachdem sie den Kopf des Babys mit Seife eingerieben hatte, spülte sie ihn wieder ab. Sie hielt das Baby dabei auf ihrem linken Arm über der Wanne und achtete darauf, dass das Köpfchen gut abgestützt war.

Während sie den kleinen Körper einseifte, blieb sie die ganze Zeit in Augenkontakt mit dem Baby und redete ihm gut zu. Ich sah staunend zu, wie sie das Baby gekonnt ins Wasser hob. Der kleine Körper tauchte ins Wasser ein, aber den Kopf des Babys hielt sie mit festem Griff nach oben. Es war eine Freude, wie das Baby sich im Wasser entspannte, herumspritzte und fröhliche Gurgellaute von sich gab. Wenn das Bad zu Ende war, gab es normalerweise lautstarken Protest. Nun rieb sie vorsichtig die Haut trocken und massierte den zappelnden kleinen Körper mit ein paar Tropfen Olivenöl.

Meine Aufgabe war es, die Sachen für den Tag auszusuchen und beim Anziehen zu helfen – das kleine Baumwollhemd mit den Schlaufen an der Seite, wo die Stoffwindel befestigt wurde, und dann ein Strampelanzug oder ein Kleidchen. Mutter zeigte mir, wie man die Babydecke aus Flanell mit einer Ecke nach oben hinlegt, das untere Ende so umschlägt, dass die Beine des Babys bedeckt sind, und dann die beiden anderen Seiten straff um den kleinen Körper zieht, so dass oben gerade noch genug von der Decke übrig ist, um den Kopf warm zu halten.

Dann durfte Mutter sich ausruhen, während sie das Baby stillte, und ich räumte den Tisch ab und legte die Babysachen weg. Mutter ahnte nicht, als sie sich der Pflege ihrer Kinder so treu widmete, dass vier ihrer Töchter Krankenschwestern werden und in Entbindungsräumen, Krankenstationen und einsamen Missionsniederlassungen arbeiten würden. Oder dass aus ihrem Sohn John ein beliebter Kinderarzt werden würde. Als Katrine, mein erstes Kind, in der Hochebene von Nordkamerun geboren wurde, fühlte ich mich bei ihrer Pflege ganz wohl und sicher, weil ich schon vor Jahren so viel von meiner Mutter gelernt hatte. Es macht meiner Mutter keine geringe Ehre, dass ihre zehn Kinder alle bis ins siebte oder achte Jahrzehnt lebten.

Eine »Heimat« muss nicht immer ein geographischer Ort sein. Auch ein Kleidungsstück kann dieses Gefühl der Geborgenheit vermitteln. Als Erwachsene arbeitete Veda als Missionsschwester in Tansania. Sie war unverheiratet und fühlte sich einsam und unsicher, als sie auf Heimaturlaub in die USA kam. Eines Tages zog sie los, um einen Wintermantel zu kaufen, den sie in der Kälte von Minnesota dringend brauchte. Sie fand genau den richtigen, der auf der Stange auf sie gewartet zu haben schien. Er war wie für sie maßgeschneidert. Als sie hineinschlüpfte, war er sofort viel mehr als nur ein Kleidungsstück, das sie warm halten konnte. Er wurde für sie zum Symbol der Geborgenheit in den Stürmen ihres Lebens. Den ganzen Winter trug sie ihn und fühlte sich innerlich seltsam getröstet. Sie bekam oft Komplimente, dass der Mantel ihre schöne Haut und ihr kupferfarbenes Haar wunderbar zur Geltung brachte.

Schließlich kam der Tag, an dem sie zu ihrer Aufgabe in Afrika zurückkehren musste. Veda würde ihren Mantel dort nicht brauchen, darum schenkte sie ihn einer Freundin. Dabei ahnte sie nicht, wie sehr ihr dabei das Herz bluten würde. Es war, als hätte sie einen Teil von sich selbst weggegeben.

Jahre später musste unser kleines Betanien-Haus abgerissen werden, weil es nicht mehr dem Standard der anderen Häuser in unserer Gegend entsprach und inzwischen alt und baufällig geworden war. Meine Schwester Eunice und mein Bruder John sahen zu, wie die Planierraupe die Steinmauern einriss, die von klein auf ihr Zuhause gewesen waren. Sie weinten. Mutter, die dort fünf ihrer Kinder zur Welt gebracht hatte, vergoss keine Träne. »Kommt, gehen wir«, sagte sie. Und dann fügte sie hinzu: »Im Winter war es immer ein kaltes Haus.«

Merkwürdig, keines von uns Kindern hatte bemerkt, dass es kalt gewesen war. Sie hatte uns warm gehalten. Bei ihr waren wir geborgen gewesen.

3. Ein Zimmer für mich allein

Der dich gemacht hat, weiß auch, was er mit dir machen will. *Augustinus*

Was für eine Freude! Ich wagte meine Augen kaum zu öffnen. Hatte ich nur geträumt, dass Großmutters Stimme mich zum Frühstück rief? Die duftenden weißen Laken kamen mir himmlisch vor. Genüsslich streckte und krümmte ich meine Zehen, während ich meine neue Umgebung in mich aufnahm. Die Matratze schien mir die bequemste zu sein, auf der ich jemals geschlafen hatte; sie war fest und passte sich doch der Form meines Körpers an – dem Körper einer schlaksigen Dreizehnjährigen. Ich wog nur 43 kg, war aber zu einer Größe von 1,70 m aufgeschossen.

In dem kleinen Zimmer war alles aufgeräumt. Selbst die unansehnliche Pappschachtel, die mir als Koffer gedient hatte, war verschwunden. Meine Kleider hingen fein säuberlich im halb geöffneten Wandschrank. War es egoistisch, fragte ich mich in meinem halbwachen Zustand, so glücklich zu sein?

Wieder erklang die besorgte Stimme meiner Großmutter von unten: »Ingrid, bist du wach? Es ist bald Zeit für die Schule. Dein Frühstück ist schon fertig.«

Ich sprang aus dem Bett, als mir augenblicklich bewusst wurde, was für wunderbare Dinge in meinem Leben geschehen waren.

Im Frühjahr 1939 hatte ich die achte Klasse von Blackmans Dorfschule in Springfield abgeschlossen. Ich hegte den großen Wunsch, auf das Gymnasium in Wahoo in Nebraska zu gehen und nicht auf die örtliche High School, die meine Brüder besuchten. Ich kannte die Luther-Akademie aus den Erzählungen meiner Großmutter, die in Wahoo lebte, und meines Vaters, der dort zur Schule gegangen war. Unsere schwedischen Vorfahren hatten dieses einzigartige christliche Gymnasium gegründet und sich mit dem soliden geisteswissenschaftlichen Schwerpunkt des Lehrplans am europäischen Modell des Gymnasiums orientiert. Ich träumte bereits davon, später in die Mission zu gehen, und dachte, dass diese Schule die beste Vorbereitung für meine Zukunft bieten würde.

Als ich meinen Eltern von diesem Schultraum erzählte, schüttelten sie traurig den Kopf. »Wir würden dir das so gern ermöglichen, liebe Tochter, aber die Kosten sind einfach zu hoch. Es ist eine private Schule, wo du ins Internat gehen müsstest. Das würde sehr teuer für uns«, erklärte Vater, »und außerdem ist sie 650 Kilometer von Springfield entfernt.«

Ich versuchte, mir meine Enttäuschung nicht anmerken zu lassen, und schaute zu Boden. Nach dem Abendessen flüchtete ich mich zu meinem alten Freund, der Eiche. Ich saß dort lange ganz still und sah nach Westen in den wunderschönen Sonnenuntergang. Es tat mir gut, meinen Rücken fest an die raue Rinde zu drücken und die unerschütterliche Stärke des Baumes körperlich zu spüren. Fast unbewusst fing ich an, einen Vers aufzusagen, den ich im Konfirmationsunterricht auswendig gelernt hatte. »Und was ihr bitten werdet in meinem Namen, das will ich tun«, hatte Jesus zu seinen Freunden gesagt. Ich wiederholte die Worte. Und noch einmal. Ich betete, dass ich eines Tages auf die Luther-Akademie gehen könnte. Von da an ging ich jeden Abend zu meinem Zufluchtsort und wiederholte mein Gebet.

Ob es uns gefällt oder nicht,
zu bitten ist ein
Gesetz des Himmelreichs.
C. H. Spurgeon

Mehrere Wochen vergingen. Es gab nicht den kleinsten Hinweis, dass mein Gebet erhört würde. In der Jugendgruppe hatte ich Nähen gelernt. Stunde um Stunde trat ich das Pedal der alten Singer-Nähmaschine. Meine Mutter hatte mir in diesen Sommerferien die Flickwäsche der ganzen Familie anvertraut.

Nebenbei arbeitete ich an meiner Garderobe für den Herbst. Ich wusste, dass kein Geld für neue Kleider da war, deshalb änderte ich die Röcke und Kleider um, die ich von einer älteren Cousine bekommen hatte. Jedes Kleidungsstück, das fertig war, packte ich sorgfältig in den Pappkarton unter meinem Bett in der Mäd-chenhütte.

Juli und August vergingen. Die erste Septemberwoche kam und bald sollte das neue Schuljahr beginnen. Nichts geschah. Ich betete und hoffte weiter ... Dann kam bereits der erste Schultag. Als ich zur Haustür hinausschaute, sah ich, wie der Briefträger anhielt und etwas in unseren großen Briefkasten warf, den mein Vater peinlich genau mit großen Buchstaben beschriftet hatte:

Rev. Ralph D. Hult
Route 9, Box 149-B
Springfield, Missouri

Ich rannte den Weg zwischen den Ahornbäumen hinunter, öffnete den Briefkasten, holte ein Päckchen Briefe heraus und rannte damit zu meinem Vater. Er und Mutter tranken gerade ihre morgendliche Tasse Kaffee zusammen. Ich sah zu, wie er die Briefe gewissenhaft sortierte. Als Erstes nahm er einen Brief von seinem Bruder Martin aus Wahoo in die Hand und öffnete ihn. Ein Lächeln breitete sich über sein Gesicht aus, als er ihn laut vorlas: »Könntest du dir vorstellen, Ingrid dieses Jahr hierherkommen und bei ihrer Großmutter wohnen zu lassen? Unsere Mutter ist jetzt fünfundsiebzig und ihr Herz ist nicht in Ordnung, da sollte sie nicht mehr allein leben. Ingrid könnte auf die Luther-Akademie gehen ...« Onkel Martin hatte sogar einen 10-Dollar-Schein beigelegt, um die Benzinkosten für die 650 Kilometer lange Fahrt zu decken!

»Wir müssen Ingrids Sachen fertig machen«, sagte Mutter.

Ich lächelte und zeigte ihr stolz die bereits gepackten Schachteln. Am gleichen Nachmittag machten mein Vater und ich uns in unserem alten Familienauto, einem schnittigen schwarzen Packard von 1926, auf den Weg nach Wahoo. Es war das

Lieblingsauto von einer von Mutters Tanten gewesen. Als sie starb, hatte ihr Mann den Wagen nicht in seiner Garage stehen lassen, sondern ihn uns geschenkt.

In meinem allerersten eigenen Zimmer im Haus meiner Großmutter zog ich mich nun schnell an. Ich erlebte noch einmal die unglaubliche Freude und das vollkommene Glücksgefühl jenes Moments vor knapp zwei Tagen, als wir die von Ahornbäumen gesäumte Auffahrt in Springfield hinunterfuhren. Gott hatte meine Gebete erhört – wieder eine Lektion im Glauben. Und ich dachte daran zurück, wie wir früher das Apfelgeld in Vaters silberner Tasse gezählt hatten.

Soweit ich mich erinnerte, hatte ich beim Abschiednehmen von Mutter und der letzten Umarmung meiner Geschwister keine Träne vergossen. Vater und ich fuhren und redeten die ganze Nacht. Meine freudige Erwartung war so groß, dass ich nicht einschlafen konnte. Es war kein Wunder, dass Großmutter mich an diesem Morgen wecken musste. Gestern hatte Vater mich bereits in der Akademie eingeschrieben. Ich erhielt sogar ein Stipendium, das die Kosten für das Unterrichtshonorar deckte. Heute sollte mein erster Schultag sein!

Die Gedanken in meinem Kopf gingen wild durcheinander, während ich meine neuen Lederschuhe zuschnürte und versuchte, ganz ruhig zu bleiben. Endlich rannte ich halb hüpfend, halb springend in Hochstimmung die Treppe zu Großmutters Frühstückstisch hinunter.

Heimweh war in diesem ersten Jahr ganz und gar kein Problem für mich. Manchmal fühlte ich mich sogar schuldig, weil ich meine Familie nicht öfter vermisste. In Großmutters gemütlichem kleinen viktorianischen Haus hatte alles seinen festen Platz. Mir kam das fast wie ein Stückchen Himmel vor, und ich überlegte mir, dass es im Himmel bestimmt keine Unordnung gab.

Ordnung ist der Raum,
den wir für die Schönheit brauchen. Pearl S. Buck

Obwohl meine Mutter sich Mühe gab, ihr Haus in Ordnung zu halten, war sie doch bei der Fülle ihrer Aufgaben im Haushalt und mit den Kindern zwangsläufig überfordert. Jetzt war ich 650 Kilometer von ihr entfernt und verspürte nicht mehr den inneren Druck, ihr zu helfen und ihr Dinge abzunehmen. Mir war damals gar nicht klar, wie bewusst und selbstlos sie mich hatte gehen lassen. In ihrer Weisheit sah sie voraus, dass meine Abwesenheit meinen jüngeren Geschwistern die Chance geben würde, größere Verantwortung im Haushalt zu übernehmen. Sie sagte es mir gegenüber nie, aber ich begreife jetzt, wie sehr sie sich selbst danach gesehnt hatte, meinen Lebenshorizont zu erweitern und mir die Möglichkeit zu geben, meine eigenen Begabungen zu entdecken. In Wahoo hatte ich ein Zimmer und eine Großmutter und meinen eigenen Stundenplan – all das musste ich mit niemand anderem teilen. Es war das erste und letzte Mal in meinem Leben, dass ich gleichzeitig in den Genuss dieser drei Dinge kam.

Meine Lehrer an der Akademie waren offenbar etwas verwundert über mich. Ich war ein gutes Jahr jünger als meine Klassenkameraden, aber durch meine bisherige Lebenserfahrung war ich ihnen Jahre voraus. »Ingrid, du kamst mir vor wie eine kleine Erwachsene«, sagte mir einer der Lehrer Jahre später.

Mit meiner Großmutter allein zu sein, war für mich die größte Freude. Jahre später sollte ich einmal über die Frau schreiben, die mir für meine eigene Rolle als Frau und Mutter ein Vorbild gewesen war.* Ich brauchte nur ein paar Minuten, um mich für sie zu entscheiden, Johanna Mathilda Lind Hult, die Mutter meines Vaters. Etwas an ihrer stillen Kraft erinnerte mich an schwedischen Stahl, der großem Druck standhalten kann. Sie hatte

* I. Trobisch: *Bright Legacy*, Servant Publications, Ann Arbor 1985

gelernt, allein zurechtzukommen. Sie tat es mit »Kraft und Würde und sie lacht[e] des kommenden Tages« (Sprüche 31,25). Wir hatten das große Glück, dass wir nicht nur miteinander verwandt waren und gut miteinander zurechtkamen, sondern dass wir auch die gleiche Verbundenheit auf geistlicher Ebene erfuhren. Ich bewunderte ihre verborgene Stärke und wollte unbedingt so werden wie sie.

Bald wurde mir bewusst, dass das, was ich an ihr bewunderte, keinem bequemen Leben entsprungen war. Sie war erst acht Jahre alt gewesen, als sie zusammen mit ihrer Mutter und vier Geschwistern die lange Ozeanreise von ihrer schwedischen Heimat in die USA unternommen hatte. Ihr Vater war zwei Jahre zuvor ausgereist. Er hatte in den Kohleminen Knochenarbeit geleistet, um das Geld für die Überfahrt der Familie zusammenzusparen, und war dann darum betrogen worden. Als sie nun endlich wieder vereint waren, beschloss die Familie, weiter nach Westen zu ziehen und ihr neues Zuhause in der Nähe von Kearney zu gründen, das mitten in Nebraska liegt.

»Ich weiß noch, wie mein Vater auf die Knie fiel, als er die erste Furche unseres neuen Landes gepflügt hatte«, erzählte Großmutter. »Er nahm eine Hand voll der fruchtbaren schwarzen Erde, hielt sie hoch und pries Gott, dass kein Stein darin größer als eine Erbse war.«

Wir unterhielten uns auch über Großmutters erste Liebe, einen gut aussehenden Theologiestudenten, der unerwartet an Tuberkulose starb, bevor sie überhaupt Gelegenheit hatten, ihre Freundschaft öffentlich bekannt zu machen. Ein paar Jahre später verlobte sie sich mit meinem Großvater Henry Hult. Das war nach dem sonntäglichen Abendgottesdienst, und sie saßen dabei auf den Stufen vor der Kirche.

Mit liebevollem Stolz erzählte sie mir von der Geburt meines Vaters ein Jahr nach der Hochzeit. »Ingrid, liebes Kind, ich habe deinen Vater bereits im Mutterleib Gott geweiht und darum gebetet, dass er Pastor wird.« Ruhig nahmen ihre Hände wieder ihre Strickarbeit auf. Von ihr ging ein Frieden aus, der geradezu ansteckend wirkte. Die Zeit, die wir zusammen in ihrem Haus verbrachten, wurde für mich so etwas wie eine geheiligte Zeit.

Die Fortsetzung ihrer Geschichte kannte ich. Henry, ihr Mann, wurde aus seinem Wagen geworfen, als zwei Pferde damit durchgingen. Er hatte sie ausgeliehen, um die ersten Früchte seiner Ernte zu verkaufen und den Ertrag dieser Ladung Weizen für die Mission zu spenden. Er starb ein paar Tage später an inneren Verletzungen. Im Alter von dreiundvierzig Jahren wurde Großmutter eine Witwe mit acht Kindern, die sie durchbringen musste. Innerhalb eines Jahres verlor sie ihren Mann, ihren fünfzehn Jahre alten Sohn Milton und ihren Bruder John, der als Junggeselle gekommen war, um ihr zu helfen. Mein Vater, ihr ältestes Kind, war damals erst achtzehn und hatte gerade mit seiner Ausbildung an der Luther-Akademie begonnen, nachdem er drei Jahre lang bei seinem Vater auf der Farm mitgearbeitet hatte.

Die zentrale Botschaft Jesu lautet, dass wahre Freude und wahrer Friede niemals erreicht werden können, indem man das Leiden und den Tod umschifft, sondern nur, indem man direkt hindurchgeht.
Henri Nouwen

Jahre später unterhielt ich mich bei einem Familientreffen mit einem meiner Cousins, der sich daran erinnerte, wie sein Großvater meiner Großmutter nach ihren Verlusten beigestanden hatte. Ich erzählte ihm, dass ich meines Wissens niemals gehört hatte, dass mein Vater eine negative Bemerkung über einen seiner Verwandten gemacht hätte.

»Natürlich nicht«, sagte mein Cousin. »Das war eine unausgesprochene Lind-Regel (Lind war der Mädchenname meiner Großmutter): Man redet nie schlecht über seine Verwandten.« Von da an versuchte ich meinen eigenen Kindern den gleichen Grundsatz vorzuleben.

Jede negative Bemerkung ist ein Gebet zum Teufel.
Walter Trobisch

Meine Lehrer an der Luther-Akademie erfüllten ihre Aufgabe mit Weitblick. Sie forderten mich heraus, neue Fragen zu stellen, und sie machten sich nie über meine anfängliche Schüchternheit oder meine ersten Schreibversuche lustig. Ich las immer noch mit riesigem Eifer und war sehr dankbar für meinen privaten Klavierunterricht. Ins Jahrbuch der Schule schrieb ein Lehrer:

»Jeder Lehrer kann die ›Wasserkrüge‹ füllen, die er in der Klasse vor sich hat, aber nur unser Meister kann das Wasser in Wein verwandeln. Erst wenn die Wahrheit, die wir lehren, in den warmen, reichen Strom der Erfahrung der Schüler eingeht, können wir wirklich davon sprechen, dass eine christliche Ausbildung ihr Ziel erreicht hat. Unsere Absicht an dieser Schule ist es, zu einem reichen, erfüllten Leben anzuleiten – und nicht nur den Kopf zu füllen und den Verstand zu trainieren.«

Ich kann wirklich dankbar sein, dass ich solche engagierten Lehrer hatte. Ich denke zum Beispiel an Gladys Peterson, meine Psychologielehrerin. Nach meinem Abschluss an der Luther-Akademie sah ich »Miss Gladys« über vierzig Jahre nicht mehr. Als ich sie dann in ihrem Haus in Lindsborg in Kansas besuchte, nahm sie mich mit in ihr Schlafzimmer. Dort hing am Spiegel ihrer Kommode ein Schulabschlussfoto von mir. »All die Jahre habe ich jeden Tag für dich gebetet«, sagte sie, »und jetzt sehe ich, dass Gott meine Gebete erhört hat.«

Wenn du für ein Jahr pflanzen willst, pflanzt du Reis.
Wenn du für zehn Jahre pflanzen willst, pflanzt du einen Baum.
Wenn du für hundert Jahre pflanzen willst, wirst du Lehrer.
Chinesisches Sprichwort

In der Zwischenzeit war Europa in den Zweiten Weltkrieg hineingezogen worden. 1941, bevor die Vereinigten Staaten Deutschland den Krieg erklärten, versenkte der deutsche Kreuzer Atlantis das als neutral geltende ägyptische Passagierschiff »Zamzam« im Südatlantik. An Bord des Schiffes waren hundertvierundvierzig Missionare, einer davon mein Vater.

Warum war er nach Afrika zurückgegangen, nachdem er mehr als ein Jahrzehnt lang zu Hause als Pastor gedient hatte? Im Januar 1941 hatte er aus heiterem Himmel einen Brief von der Missionsgesellschaft unserer Kirche erhalten. Auf dem verwaisten Missionsfeld Ostafrikas gab es große Not. Aufgrund des Krieges waren viele deutsche Missionare interniert oder des Landes verwiesen worden. Dr. Swanson, unser Missionsdirektor, fragte vorsichtig bei Ralph Hult, der jetzt zweiundfünfzig Jahre alt und Vater von zehn Kindern war, an, ob es für ihn in Betracht käme, für die Dauer dieser Notsituation nach Tansania zurückzukehren.

Innerlich war Vater bestimmt sehr zerrissen. Er wusste nur zu gut, was seine Zusage bedeuten würde – die Trennung nicht nur von seiner Frau, sondern auch von seinen heranwachsenden Kindern, die einen Vater brauchten. Wäre der Preis nicht zu hoch, wenn er diesem Ruf folgte? Andererseits, wie konnte er zu Hause bleiben, wenn man ihn um Hilfe bat?

19. Mai 1941. Ich war im zweiten Jahr an der Schule und kam gerade aus meinem Lateinunterricht, als der Direktor mich auf dem Treppenabsatz abfing. »Komm mit in mein Büro, Ingrid. Ich muss dir etwas sagen.« Ich folgte ihm. Sowohl der Klang seiner Stimme als auch der besorgte Ausdruck auf seinem freundlichen Gesicht erschreckten mich. War einem von meinen Geschwistern etwas zugestoßen? Oder meiner Mutter? Ich erinnerte mich an ein Gespräch, das ich erst vor ein paar Tagen mit meiner besten Freundin Phyllis geführt hatte.

»Was wäre das Schrecklichste, das dir jetzt in diesem Moment passieren könnte?«, hatte sie mich gefragt. Ohne Zögern war die Antwort aus mir herausgeplatzt: »Dass meinem Vater auf seiner Reise nach Afrika etwas zustößt.«

»Das muss es sein«, dachte ich. »Vater ist etwas zugestoßen.«

Dann sah ich Onkel Martin am Büro des Direktors in der Tür stehen.

Pastor Ralph Hult

Nachdem wir uns gesetzt hatten, sagte Dr. Lindberg ruhig und gefasst zu mir: »Wir haben gerade im Radio gehört, dass die ›Zamzam‹ von einem deutschen Kreuzer versenkt wurde. Man fürchtet, dass alle an Bord umgekommen sind.«

Die »Zamzam« – das Schiff meines Vaters! Er war damit von New York abgereist, um nach Ostafrika zurückzukehren. Und wir hatten Tag für Tag auf ein Telegramm gewartet, das uns seine sichere Ankunft in Kapstadt mitteilte. Die »Zamzam« war längst überfällig.

Die USA waren mit Deutschland noch nicht im Krieg. Warum sollten die Deutschen ein neutrales Schiff versenken, das Frauen und Kinder und all die Missionare an Bord hatte, die zu ihren Einsatzgebieten in Afrika zurückkehren wollten?

Vater sollte tot sein? Irgendwie konnte ich das nicht glauben. Ich war mir sicher, dass er noch lebte. Ich schaute Dr. Lindberg an. »Sind Sie sicher?«

Er nickte. Seinem Gesicht konnte ich ansehen, dass er es glaubte. Aber ich konnte das nicht – zumindest noch nicht. »Du bist für den Rest des Tages vom Unterricht entschuldigt, Ingrid«, sagte er sanft.

Als ich meine Bücher holte, dachte ich an Mutter, die zu Hause auf der Farm in Springfield war. Wie würde sie die Nachricht aufnehmen? Ich rannte zum Haus meiner Großmutter, das zwei Straßen entfernt war. Für sie würde es ein schwerer Schlag sein. Mein Vater, ihr ältester Sohn, war nicht der Einzige auf der »Zamzam«, den sie liebte. Es war auch eine ihrer Töchter an Bord, zusammen mit ihrem Mann, einem Arzt, und drei kleinen Kindern. Als ich die Stufen zu dem kleinen weißen Holzhaus hochging, nahm ich alles bewusst wahr – die einladende Schaukel auf der Veranda, die Spitzenvorhänge, die Topfpflanzen an jedem Fenster. Ich öffnete die Haustür und trat im Flur auf die geflochtene Fußmatte. Plötzlich stürzten die Erinnerungen über mich herein, und ich spürte, wie es in meiner Kehle eng wurde. Ich stand genau an der Stelle, wo ich mich vor drei Monaten erst von Vater verabschiedet hatte.

Großmutter saß in ihrem Schaukelstuhl dicht neben dem Radio. Das Sonnenlicht strömte über ihre liebevoll gepflegten

Pflanzen – den Christusdorn, eine rote Begonie und die Geranien, an deren Geruch ich mich bis heute erinnere.

Ihr Gesicht war ruhig. Sie war »einfach still« – eine Übung, die sie im Lauf ihrer siebenundsiebzig Jahre nur mühsam gelernt hatte, weil sie eine energische kleine Frau und immer geschäftig war. Ihr Haar war noch immer schwarz, von ein paar grauen Strähnen an den Schläfen abgesehen. Sie trug ihr Lieblingskleid aus brauner Wolle und eine Halskette aus Amethyst. In ihren Augen standen keine Tränen.

Ich legte meine Hand auf ihre. Sie reagierte mit stillem Verständnis. Ich spürte, dass auch sie noch Hoffnung hatte. Es war nicht nötig, Beileid oder Trost zum Ausdruck zu bringen.

Mir kam wieder in den Sinn, was sie meinem Vater zum Abschied gesagt hatte. Ihr Kopf hatte kaum bis zu seinen Schultern gereicht, und sie hatte zu ihm hoch gesehen und gesagt: »Ralph, erinnerst du dich, wie du vor mehr als zwanzig Jahren das erste Mal nach Afrika aufgebrochen bist? Damals sagte ich dir, dass es der glücklichste Tag meines Lebens war. Heute möchte ich dir das Gleiche sagen.«

Nun erfuhr sie aus dem Radio, dass sie nicht nur einen Sohn, sondern auch eine Tochter und die gesamte Familie dieser Tochter verloren hatte. Und trotzdem saß sie ganz ruhig und beherrscht da.

Ich hörte, wie ein Auto vor dem Haus hielt. Ein Mann mit einer großen Fototasche über der Schulter eilte die Stufen herauf. »Ich bin vom ›Herald‹ in Omaha«, erklärte er, »ich würde Mrs. Hult gern interviewen, bitte.«

»Dass die ›Zamzam‹ versenkt wurde, steht in ganz Amerika in den Schlagzeilen«, sagte er zu ihr. »Ich habe hier die Passagierliste. Stimmt es, dass Sie sowohl einen Sohn als auch eine Tochter an Bord hatten?«

Großmutter nickte und bat ihn, sich zu setzen. Sie beantwortete seine Fragen nüchtern und ohne zu zittern.

»Warum wollte Ralph Hult nach Afrika gehen, wenn er doch wusste, wie gefährlich es war?«, fragte der Reporter.

»Ich möchte Ihnen gern ein paar Zeilen aus seinem letzten Brief vorlesen«, antwortete sie. »»Dies ist keine Abenteuerfahrt, sondern es geht um ein dringendes Anliegen für das Reich Gottes. Warum sollten wir nicht zuversichtlich sein? Als unser Heiland seinen Jüngern den Missionsauftrag gab, versicherte er ihnen: Und siehe, ich bin bei euch alle Tage.«

Der Reporter bat um die Erlaubnis, ein Foto zu machen. Ich sollte beim Radio sitzen und den Sender einstellen, während meine Großmutter zuhörte. Das Bild erschien noch am gleichen Tag auf der ersten Seite des ›New York Herald Tribune‹.

Aber was war mit Vater? War er wirklich untergegangen? Ich erinnerte mich, wie meine Verwandten letzte Woche im Wohnzimmer meiner Großmutter über ihn gesprochen hatten. Ich hatte nebenan meine Hausaufgaben gemacht, und sie wussten nicht, dass ich ihr besorgtes Fragen, warum er in diesen gefährlichen Tagen nach Afrika hatte gehen müssen, hören konnte. Hätte sein Schiff nicht längst in Kapstadt eintreffen müssen? Ich hatte mich in die Besenkammer unter der Treppe geflüchtet, wo meine Großmutter ihren Staubsauger und die Ausziehplatten für ihren Esstisch aus Eiche aufbewahrte. Dort hatte ich mich auf einen Stapel Zeitschriften geworfen und unter heftigem, lautlosem Schluchzen geweint. Verstanden sie denn nicht, dass er nach Afrika zurückgehen musste und dass wir alle hinter seiner Entscheidung standen? Er wäre niemals aufgebrochen, wenn Mutter ihn nicht ermutigt hätte, weil sie wusste, wie groß die Not war. Ich kam erst aus meinem Versteck hervor, als alle das Haus verlassen hatten.

Im Rückblick wird mir klar, dass viele Menschen seiner Generation und auch ich gelehrt worden waren: Der Ruf in die Mission zählt mehr als die momentanen Bedürfnisse der Familie oder des Ehepartners. Das irdische Opfer, Frau und Kinder zurückzulassen, war gerechtfertigt, wenn man dem Ruf in einen höheren Dienst Gehorsam leistete. Schließlich konnte man dem Missionar nicht vorwerfen, er folge seinem eigenen egoistischen Ehrgeiz oder träume seinen eigenen egoistischen Traum.

Meine jüngeren Brüder kämpften jahrelang mit dem Gefühl, dass ihr Vater sie im Stich gelassen hatte. Ich selbst empfand es nie so, denn ich verstand sein brennendes Verlangen, dorthin zu gehen, wo Gott ihn haben wollte, egal, was es ihn gefühlsmäßig

Foto aus dem »New York Herald Tribune« vom 19. Mai 1941. Die fünfzehnjährige Ingrid und ihre Großmutter Johanna Hult warten am Radio auf Nachrichten über die »Zamzam« und ihre Passagiere

kosten würde. Ich hatte aber auch mehr Erinnerungen an Zeiten mit meinem Vater als meine kleinen Brüder, und deshalb war es vielleicht für mich einfacher, ihn gehen zu lassen.

Natürlich hatte mein Vater meine Mutter und uns, seine älteren Kinder, gefragt, was wir dachten. Wir waren uns ganz sicher, dass er diesen Auftrag, den wir für zeitlich begrenzt hielten, annehmen sollte.

Vater schickte seine Zustimmung in einem Telegramm an die Missionsgesellschaft. Er sollte bis spätestens 10. März in New York eintreffen und bereit sein, kurz darauf mit dem Schiff abzureisen. Er beantragte seinen Pass. In Springfield kaufte er Khakianzüge für die Tropen, Moskitonetze, Kochutensilien, Medikamente. Er malte seine Initialen fein säuberlich auf seine Blechkoffer.

Im Februar war er nach Wahoo gekommen, um sich von seiner Mutter, seinen Geschwistern und seiner ältesten Tochter zu verabschieden. Wie liebte ich ihn! Als ich seine hohe, aufrechte Gestalt mit kraftvollen Schritten auf mich zukommen sah, erfüllten mich Bewunderung und Verehrung.

Sein Haar war grau gewesen, solange ich zurückdenken konnte, denn er hatte viel Leid gesehen. Mit den Fältchen um seine grauen, gütigen Augen schien er immer zu lächeln. Aber der entschlossene Zug um seinen Mund und sein Kinn verriet, dass es für ihn keine faulen Kompromisse gab.

Jetzt, wo ich mit dieser schlimmen Nachricht fertig werden musste, dachte ich an Mutter zu Hause in Missouri. Wie verbrachte sie wohl den Tag auf der Farm? Eine Welle von Heimweh überkam mich. Plötzlich wusste ich, was ich jetzt brauchte – ich musste meine Mutter und meine Geschwister sehen, zu meinem Versteck an der Eiche gehen, ihre Kraft spüren und den Anblick der sanften Ozarkhügel auf mich wirken lassen, der mich immer wieder erfreut und gestärkt hatte.

Um diese Zeit tauschte der Wald dort immer das erste zarte Grün des Frühlings gegen das volle, kräftige Maigrün ein. Das Lavendelblau der Judasbäume und die rosa Blüten des wilden Holzapfelbaums hoben sich leuchtend davon ab. Alle Obstbäume blühten und ihr Duft erfüllte die Luft. Wenn ich dort wäre, käme meine Welt vielleicht wieder in Ordnung. Ach, könnte ich wenigstens mit Mutter sprechen!

Ich hörte Schritte auf der vorderen Veranda. Jemand trat ohne zu klopfen ein. Es war mein Onkel Leslie, der einen Strauß Gladiolen umklammert hielt. Schweigend und mit Tränen in den Augen hielt er sie mir hin.

Ich war froh über seine mitfühlende Umarmung und seine liebevolle Anteilnahme, aber mein Herz schrie innerlich: »Warum tut er das? So etwas tut man, wenn ein geliebter Mensch tot ist. Aber mein Vater ist *nicht* tot – ich weiß, dass er es nicht ist. Und auch nicht meine Tante und mein Onkel, meine Cousinen und die anderen Passagiere an Bord der ›Zamzam‹!« Wir drehten das Radio an, um die nächsten Nachrichten zu hören. Sie waren unverändert.

Der Tag schleppte sich dahin. Wir hörten die Abendnachrichten, die einen kleinen Hoffnungsschimmer brachten. Wenn es Passagiere gab, die überlebt hatten, dann waren sie vielleicht von einem Gefangenenschiff an Bord genommen worden. Wenn das zutraf, war dann mein Vater unter ihnen?

Der 19. Mai 1941 war der längste Tag, den ich je erlebt hatte. Ich rechnete nicht damit, dass ich in jener Nacht einschlafen würde. Ich tat es aber wohl doch, denn das Nächste, was ich weiß, war das Läuten des Telefons.

Ich nahm den Hörer ab und hörte die Vermittlung sagen: »Ferngespräch.«

Ein Mann, dessen Stimme ich nicht kannte, sagte: »Hier ist Dr. Swanson von der Missionsleitung in Minneapolis. Wir haben gerade gute Nachrichten von ›United Press‹ bekommen. Dein Vater lebt und ist in Sicherheit. Ebenso alle anderen Missionare und Passagiere. Kannst du das bitte deiner Großmutter und deiner Mutter sagen?«

Es war nicht mehr der schwarze Montag, sondern Dienstag, der 20. Mai. Die Sonne schien. Die Vögel sangen. Die Welt drehte sich weiter – voller Osterfreude.

Ich rief Mutter zu Hause in Springfield an.

»Ja, ich weiß«, antwortete sie ruhig. »Unser Nachbar hat die ganze Nacht vor seinem Kurzwellenempfänger gesessen. Er hat mir die gute Nachricht gleich heute früh gesagt. Sie sind in Sicherheit, in einem französischen Hafen, der von den Deutschen besetzt ist.«

Später erfuhren wir, dass die Passagiere der »Zamzam« dreißig Tage und Nächte lang auf der »SS Dresden«, einem deutschen Gefangenenschiff, gewesen waren. Aufgrund der britischen Blockade waren sie ständig in Gefahr gewesen, torpediert zu werden.

Die amerikanischen Passagiere durften sich ins neutrale Portugal begeben, und das Außenministerium organisierte ihre Rückkehr nach Hause. Mein Vater war einer der Letzten, die das Land verließen, und er hoffte gegen jede Hoffnung bis zum Schluss auf eine Überfahrt nach Afrika.

Den Tag, an dem er nach Springfield heimkehrte, feierten wir von ganzem Herzen. Am Sonntagabend kamen wir im Wohnzimmer zusammen und stellten unsere Stühle im Kreis auf, so wie es unsere Familientradition war. Wir sangen unser

Abendlied »Im Westen sinkt der Tag«. Dann erzählte uns Vater, wie er sich gefühlt hatte, als er am 20. März den Hafen von New York verließ.

»Es wurde dunkel, als wir den Hudson hinunterfuhren und an der Freiheitsstatue vorbeikamen. Es war ein unvergesslicher Moment. Eure Tante Ida stand neben mir. ›Ralph‹, sagte sie, ›wenn ich mir dein Gesicht ansehe, dann glaube ich, dass du der glücklichste Mensch an Bord bist.‹ ›Ja‹, antwortete ich, ›ich glaube, das bin ich auch. Es fehlen nur Gertrude und meine Kinder. Dann wäre meine Freude vollkommen.‹«

Er ahnte nicht, was in den kommenden Wochen und Monaten auf ihn zukommen würde. Gott musste ihn noch einmal zu uns zurück nach Hause bringen, bevor er sein geliebtes Afrika erreichen und dort begraben werden würde.

Ins Haus meiner Großmutter kehrte ich nie mehr zurück und hatte auch kein eigenes Zimmer mehr. Meine Familie brauchte mich und später konnte ich im Mädchenwohnheim der Luther-Akademie wohnen. Unmerklich hatte sich jedoch in meinem Inneren etwas verändert. Es war für mich immer weniger nötig, einen eigenen Raum zu besitzen, um glücklich zu sein oder Geborgenheit und Zuflucht zu finden. Durch das, was ich über den Glauben und die Erhörung von Gebeten gelernt hatte, waren feste Mauern in meinem Inneren entstanden, die mein Herz umgaben. Dieser neue innere Raum, dieses Heiligtum, war etwas, was ich zu allen Zeiten in meinem Inneren mit mir tragen konnte, auch bis zu den entlegensten Flecken der Erde.

Ein zweifaches Zuhause sollst du dir schaffen …
ein tatsächliches Heim …
und ein geistliches Heim,
das du immer bei dir tragen sollst. Katharina von Siena

Stärker als je zuvor spürte ich die innere Gewissheit, dass ich dazu berufen war, dem Beispiel meines Vaters zu folgen und Gott zu dienen, wohin er mich auch schicken und was es mich auch kosten würde. Ich hatte angefangen, Gott auf ganz neue Weise zu vertrauen, und ich war bereit, an dem Platz zu leben, den er mir zuwies. Ich hatte gelernt, Gott auch dann fest zu vertrauen, wenn ich ihn nicht verstand.

4. In Gottes Liebe verwurzelt

Nur wer weit blickt, findet sich zurecht. Dag Hammarskjöld

Nach seiner vergeblichen Reise auf der »Zamzam« und einem weiteren Jahr Wartezeit kehrte Vater im Juni 1942 in sein geliebtes Afrika zurück. Inzwischen waren die USA in den Zweiten Weltkrieg eingetreten, und jede Ozeanreise war lebensgefährlich. Diesmal brachte ihn ein geheimes Munitionsschiff nach Südafrika. Von dort unternahm er die lange Reise auf dem Landweg nach Tansania. Er schrieb Mutter aus ihrem alten Haus bei Moshi:

»Es ist aufregend, nach so vielen Jahren zurückzukehren und afrikanische Christen zu finden, die sich immer noch an uns erinnern! Jedes Mal, wenn ich in diesem Haus ein und aus gehe, muss ich an vergangene Tage denken … Als Erstes nach meiner Ankunft hier besuchte ich den Friedhof und stand dort an dem Grab unserer kleinen Ruth. Ich stellte mir vor, Du wärst neben mir, meine liebe Gertrude, und in Gedanken stellte ich Dir so viele Fragen … Wie ganz anders wäre alles jetzt für mich, wenn wir all die vergangenen Jahre zusammen in Afrika hätten arbeiten können. Warum wurden wir den Aufgaben entzogen, die wir so liebten? … Aber ich hoffe und bete, dass uns auch heute in der Missionsarbeit noch etwas zu tun bleibt. *Und wo wir aufhören müssen, dort mögen unsere Kinder eines Tages anfangen.*«

Er war in Daressalam stationiert, der Hauptstadt Tansanias und eine seiner wichtigsten Hafenstädte. Die Stadt wurde als »schwieriger Posten« angesehen, denn das Klima war feuchtheiß, und zu der Zeit grassierten viele Krankheiten dort. Vater machte das alles nichts aus; er war so glücklich, endlich wieder Teil dieser Arbeit zu sein.

»Ich bin in Daressalam zu Beginn der heißen Jahreszeit angekommen«, schrieb er uns. »Ihr könnt Euch vorstellen, wie ich in dieser stickigen Hitze schwitze … In der Nacht ist es wirklich schwierig mit der Hitze – nie wacht man erfrischt auf. Ich gehe jeden Tag frühmorgens und spätabends ans Meer. Die leichte Brise vom Wasser her tut einem sehr wohl ... Manchmal bin ich richtig krank vor Sehnsucht nach Euch. Es ist jetzt fünf Monate her, seit der letzte Brief, den ich von Euch erhalten habe, geschrieben wurde.«

Das tat uns im Herzen weh, denn wir hatten jeden seiner Briefe treu beantwortet. Meine zwei jüngeren Schwestern, Veda und Eunie, waren nun mit mir zusammen an der Luther-Akademie in Wahoo und wir wohnten dort im Mädchenwohnheim.

Am 23. März 1943 ruhte ich mich zwischen den Unterrichtsstunden in meinem Zimmer aus. In wenigen Minuten würde die Glocke zur Zehn-Uhr-Stunde läuten. Plötzlich hörte ich ein Klopfen an meiner Tür.

»Herein!«, rief ich und machte mir nicht die Mühe aufzustehen. Ich war überrascht, unseren neuen Direktor, Pastor Lauersen, in der Tür stehen zu sehen. Noch beunruhigter war ich, dass Veda und Eunie bei ihm waren. Warum kam er hier ins Mädchenwohnheim? Was war passiert?

Wie ein Blitz schoss mir die Erinnerung an jenen anderen Montagmorgen vor zwei Jahren durch den Kopf, als Dr. Lindberg mir die Nachricht vom Untergang der »Zamzam« überbracht hatte. Was war es diesmal? Ich ahnte es, noch bevor er es uns sagte.

Direktor Lauersen war ernst. »Ich wollte euch Mädchen alle zusammenhaben, bevor ich sage, was zu sagen ist«, erklärte er. »Ein Telegramm ist gerade aus Daressalam gekommen. Euer Vater ist am 18. März nach einer Malariaerkrankung an Herzversagen gestorben.« Pastor Lauersen hatte es uns so schonend beigebracht, wie er konnte.

Vor zwei Jahren hatte ich die innere Gewissheit gehabt: Mein Vater ist nicht tot. Er lebt. Ich werde ihn wieder sehen. Aber dieses Mal wusste ich mit großer Endgültigkeit, dass mein Vater tot war. Das war der größte Schlag in meinem jungen Leben.

Veda und Eunie weinten fast hysterisch, im ersten Schock über die Nachricht. Aber als wir einander in die Arme fielen, spürten wir einen großen Trost – einen Trost, der außerhalb unserer selbst lag.

Pastor Lauersen fuhr fort: »Eure Mutter ist in Springfield mit euren fünf jüngsten Geschwistern allein. Sie hat es noch nicht erfahren. Ingrid, du musst es ihr sagen.«

Ich rief Mutter zu Hause an. Sie ging selbst ans Telefon und begrüßte mich mit ihrer üblichen Fröhlichkeit.

»Mutter«, sagte ich, »ich habe schlimme Nachrichten für dich.«

»Ja, Ingrid, sag mir, was es ist«, antwortete sie langsam.

Ich las ihr das Telegramm vor, das wir von der Missionsleitung bekommen hatten. Einen langen Moment war es still. Dann fragte sie mich mit normaler Stimme, wie es uns ging.

Die Nachricht vom Tod meines Vaters rief eine tiefe Erschütterung an unserer Schule hervor. Pastor Lauersen berichtete den älteren Schülern davon. In das ergriffene Schweigen hinein sagte er: »Es war hier an dieser Schule, wo Pastor Hult das erste Mal den Ruf nach Afrika hörte und Gott sein Leben für die Missionarsarbeit zur Verfügung stellte. Jetzt ist er tot. Wer wird dort weitermachen, wo er aufgehört hat?« Zehn Schüler hoben die Hand und kamen nach vorn, während die anderen ihre Köpfe zum Beten senkten. Von diesen zehn gingen schließlich sieben in die Mission, und die anderen drei wurden Pfarrer in Amerika.

Ein paar Tage später schrieb meine Mutter an ihre Familie: »Ich danke Gott aus tiefster Seele, dass Ralph wenigstens für ein paar Monate nach Afrika zurückkehren durfte. Gott hat mich wunderbar gesegnet, als er mir die Liebe eines Mannes mit einem so tiefen, beständigen Glauben an seinen Meister schenkte … Die Zukunft sieht für mich nicht dunkel aus, weil ich darauf vertraue, dass Gottes Verheißung, immer bei uns zu sein, sich erfüllt.«

Als Mutter zu Vaters Gedenk-Gottesdienst nach Wahoo kam, versuchte ich sie irgendwie zu trösten. Sie antwortete einfach: »Du kannst es dir jetzt noch nicht vorstellen, Ingrid, was es bedeutet, den Lebenspartner zu verlieren.«

Während des Gedenk-Gottesdienstes hatte ich ganz stark den Eindruck, dass Vater auf dem Kontinent, den er so liebte, schließlich Frieden gefunden hatte. Ich stand auf und verkündete mit zitternder Stimme: »Meine Geschwister und ich wollen nun umso entschiedener unser ganzes Leben dafür einsetzen, dass sich Gottes Reich auf dieser Erde ausbreitet. Wir wollen dort sein, wo Gott uns haben will.«

Es fällt mir schwer, Worte für mein eigenes geistliches Erwachen zu finden.

Es war im Sommer 1944, ein Jahr nach dem Tod meines Vaters, ich war achtzehn Jahre alt. Ich hatte mein erstes Collegejahr hinter mir und arbeitete in den Ferien als Gemeindehelferin in Minneapolis in der Trinity Lutheran Church von Minnehaha Falls. Hier kam ich zum ersten Mal mit einem lebendigen Jugendkreis in Kontakt. Die Fröhlichkeit dieser Jugendlichen hatte etwas Ansteckendes. Sie brachten zerlesene, mit Anmerkungen versehene Bibeln mit, während meine wohlverpackt in meinem Zimmer lag. Der Leiter des Jugendkreises war ein Schweißer aus einer Maschinenfabrik. Er sprach die derbe Sprache eines Arbeiters.

Diese drei Monate veränderten mein Leben. Ich begriff auf neue Weise, dass Gott keine Enkel hat. Nur weil meine Eltern Gottes Kinder waren, hieß das noch lange nicht, dass ich eine persönliche Beziehung zu Gott hatte. Meine Eltern konnten mir den Dialog mit Gott nicht abnehmen. Ich musste meine eigene Stimme finden.

Die lauten Stimmen von Freunden und die gut aussehenden jungen Männer, mit denen ich ausging, waren langsam dabei, die leise und doch hartnäckige Stimme Jesu aus meinem Herzen zu verdrängen. Da trafen mich Augustins Worte mitten ins Herz: »Wer Christus nicht über alles liebt, liebt ihn überhaupt nicht.« Plötzlich wusste ich, Jesus nahm keinesfalls den ersten Platz in meinem Leben ein.

Strecke dich nach dem Himmel aus,
und du bekommst die Erde dazu;
strecke dich nach der Erde aus,
und du bekommst keins von beiden.
C. S. Lewis

Eine tiefe Unzufriedenheit mit mir selbst verdarb mir die Freude an allem, was um mich herum war. Ich wusste, wie mein Leben nach Gottes Willen aussehen sollte, aber so sehr ich mich auch anstrengte, konnte ich seinen Maßstäben doch niemals genügen. Alle meine Versuche, rein zu sein und mir nichts zuschulden kommen zu lassen, schienen völlig nutzlos. Und dann sank plötzlich eine neue Erkenntnis in mein Herz ein. Ich war völlig überwältigt von der Offenbarung, dass der Glaube nichts war, was ich produzieren oder erarbeiten musste. Der Glaube war ein Geschenk. Alles, was ich tun musste, war, meine leeren Hände auszustrecken. Die Wirklichkeit und die Gegenwart der Liebe Christi in meinem Leben hing nicht von meinem Verhalten ab. Er liebte mich ganz und gar. Er liebte mich bedingungslos. Seine Liebe war einfach da und sie veränderte mich Stück für Stück, ohne dass ich etwas dafür tat.

Mir fiel ein Stein vom Herzen. Ich hielt mich an dem Pauluswort fest: »Ist jemand in Christus, so ist er eine neue Kreatur« (2. Korinther 5,17). Und ich wiederholte das ehrfurchtsvolle, ergriffene Zeugnis des Blinden (Johannes 9,25): »Ich war blind und nun kann ich sehen.« Zum ersten Mal in meinem Leben sprach ich öffentlich in der Gemeinde über diese neuen Erkenntnisse. Ich meinte, ich müsste platzen, wenn ich nicht weitererzählte, was für ein unglaubliches Gefühl von Freiheit und Schwerelosigkeit sich in meinem Herzen ausgebreitet hatte.

Jahre vorher hatte ich mich dafür entschieden, in die Fußstapfen meines Vaters zu treten. Ich vermute, die Vorstellung, als gefragte und unabhängige junge Frau (über Paris!) nach Afrika zu gehen, hatte etwas Romantisches für mich. Gott musste aber in meinem Inneren noch einige größere Korrekturen vornehmen, bevor ich bereit war, ihm auf seine Weise zu dienen. Im Lauf dieser Jahre stolperte ich oft über meinen Eigensinn. Langsam, ganz langsam lernte ich zu beten: »Nicht mein Wille, sondern dein Wille geschehe.«

Der nächste Schritt war, meine Ausbildung an einem College fortzusetzen. Ich wählte das Augustana-College in Rock Island in Illinois, wo meine Eltern auch beide studiert hatten. Es folgte eine Zusatzausbildung an unserem Missionsinstitut in Minneapolis, unter anderem in missionstheoretischen Kursen wie in Erster Hilfe, Geburtshilfe, Tropenmedizin, Zahnheilkunde und Linguistik. Ich bewarb mich bei der »Sudan Mission«, einer lutherischen Missionsgesellschaft, um eine Stelle als Missionslehrerin in Französisch-Kamerun und bekam eine Zusage. Ich wollte dorthin gehen, wo mein Vater so gerne Pionierarbeit geleistet hätte. Er hatte es damals nicht tun können, weil die Missionsleitung sich entschieden hatte, ihre Arbeit aus finanziellen Gründen auf Ostafrika zu konzentrieren.

Ich brauchte zweitausend Dollar für ein einjähriges Sprachstudium in Paris und meine Überfahrt nach Afrika. »Gott wird dafür sorgen«, sagte mein Pfarrer, Mentor und väterlicher Freund William Berg. Von der Missionsgesellschaft erhielt ich eine Liste mit etwa dreihundert Gegenständen, die ich brauchen würde – Laternen, einen Fleischwolf, besondere Messer, verschiedene Werkzeuge. William Berg hängte diese Liste aus, und ich erhielt jeden einzelnen Gegenstand, ohne jemanden darauf ansprechen zu müssen. Dann wurde die »Missionsausrüstung« im Untergeschoss der Kirche verpackt.

»Bevor du am 17. Februar nach Frankreich aufbrichst, werden die 2000 Dollar da sein«, sagte Pfarrer Berg zuversichtlich. »Es ist wie ein Wunder. In so einem Fall muss man nicht bitten; alles, was man braucht, schickt der Himmel.«

Ein Junge aus einem Kinderheim, ein früherer Straftäter, schickte mir fünfzig Cent mit dem Hinweis: »Ich hoffe, das wird dir helfen, nach Afrika zu kommen.«

Und dann kam der große Augenblick meines Aussendungs-Gottesdienstes am 23. Januar 1949. An diesem Abend spürte ich die sanfte Gegenwart meines Vaters. Es war beinahe sieben Jahre her, seit er mich damals in Springfield das letzte Mal umarmt hatte. Mit seinem geduldigen Unterricht und seinem Vorbild hatte er dafür gesorgt, dass es für mich nur ein kleiner Glaubensschritt gewesen war, meinen himmlischen Vater zu finden. Ich hatte gelernt, bei Gott dem Vater Zuflucht zu finden, auf seinem Schoß zu sitzen und mich lieben zu lassen. Das Bewusstsein, geliebt zu sein, wurde für mich Wirklichkeit.

Ich hatte die Kirche noch nie so voll gesehen, als ich das

Mittelschiff in dem vertrauten Gotteshaus der First Lutheran Church in Rock Island in Illinois entlangschritt. Einmal mehr fiel mir auf, wie schlicht und warm das Innere der Kirche wirkte. Die Holzbänke standen in angenehmem Kontrast zu den dicken roten Teppichen und dem weißen Geländer beim Altar, wo das Abendmahl ausgegeben wurde. Das Altarbild, das den betenden Jesus im Garten Gethsemane zeigte, zog die Augen und die Aufmerksamkeit aller Anwesenden auf sich. Obwohl zusätzliche Klappstühle aufgestellt worden waren, gab es nur noch Stehplätze. Dr. Conrad Bergendoff, ein enger Freund meiner Eltern und Direktor des Augustana-Colleges, saß in der vordersten Reihe. Auf der anderen Seite des Gangs saßen sechs meiner Geschwister. Ein besonderer Ehrenplatz war für mich neben ihnen reserviert.

Als Pfarrer Berg meinen Namen rief, kam ich zuversichtlich zum Altar und kniete mich hin. Ich erinnerte mich an das Versprechen, das ich vor sechs Jahren im Gedenk-Gottesdienst meines Vaters gegeben hatte. Der Missionsleiter Gunderson und einige Pastoren aus der Gegend legten mir segnend die Hände auf Kopf und Schultern. Es war mir auch sehr deutlich bewusst, dass mein älterer Bruder John, der gerade in seinem letzten Jahr des Medizinstudiums war, hinter mich getreten war und seine Hand auf meinen Kopf gelegt hatte. Als ich ihm später dafür dankte, sagte er: »Das war nicht meine Hand – es war die Hand unseres Vaters.«

Ein Meer der Liebe umgab mich. Noch Jahre später hielt ich mich an dem fest, was ich in diesem feierlichen Abendgottesdienst erlebt hatte. Ich erinnerte mich an die zahllosen Menschen, denen ich etwas bedeutete und die versprochen hatten, um Bewahrung und Schutz für mich zu beten.

Es war, als hätte mich der Herr auf eine Rutschbahn gesetzt, und je näher ich meinem Ziel kam, desto größer wurde der Schwung, der mich weitertrug. Es gab kein Zurück. Und genau wie Pfarrer Berg es gesagt hatte, kamen die zweitausend Dollar auf wunder-

Ingrid besteigt 1949 den »Rock Island Rocket«, den Zug, der sie nach Chicago bringt, der ersten Station auf dem Weg nach Paris

bare Weise zusammen. Trotzdem fiel es mir nicht leicht, meine Heimat zu verlassen.

»Ich habe das Gefühl, als würde mich jemand in eine Grube hinunterlassen«, erzählte ich meinen Freunden an meinem letzten Sonntag in der Gemeinde. »Es macht mich froh zu wissen, dass ihr zu Hause im Gebet die Seile haltet, wenn ich nun hinausgehe.«

Am Montagmorgen bestieg ich den Zug nach Chicago. Als er aus dem Bahnhof fuhr, sah ich die treuen Freunde, die mich zum Bahnsteig begleitet hatten, in der Ferne verschwinden.

Das lange, lange Seil, das sich mit jedem Kilometer, den der Zug dahineilte, weiter abwickelte, war etwas sehr Wirkliches für mich. Das Ende des Seils war in guten Händen.

Glück ist im Wesentlichen der Zustand, irgendwohin unterwegs zu sein, mit ganzem Herzen, ohne Umwege, ohne Bedauern oder Vorbehalt. *William H. Sheldon*

Am 17. Februar 1949 wurde ich früh in meinem freundlichen, aber bescheiden eingerichteten Einzelzimmer im Lutherischen Frauenwohnheim an der Ecke 3. und 82. Straße in New York wach. Jahrelang hatte ich geträumt, gewartet und mich intensiv vorbereitet, und nun hatte ich mein Ziel erreicht. Ich schloss und beschriftete den kupferbeschlagenen Überseekoffer, der für die nächsten Jahrzehnte in Europa und Afrika ein Symbol für mein Zuhause sein würde.

Erst dreiunddreißig Jahre später würde dieser robuste Koffer nach Amerika zurückkehren und einige wenige kostbare Dinge aus meinen Wohnungen im Ausland enthalten.

Ich setzte mich an den Schreibtisch in meinem New Yorker Zimmer, um meiner Mutter ein paar Abschiedsworte zu schreiben. Sie war jetzt fünfzig Jahre alt, und nachdem sie Spanisch gelernt hatte, war sie mit meiner jüngsten Schwester Mary und meinem Bruder David nach Bolivien gegangen. Dort leitete sie als Hausmutter ein Waisenhaus in der Nähe von La Paz.

»Die Aufgabe, das Evangelium bis an die Enden der Erde zu tragen, ist so wichtig, dass selbst wir Großmütter uns auf den Weg machen müssen«, hatte sie bei ihrem Aussendungsgottesdienst vor zwei Jahren gesagt (mein ältester Bruder Paul und seine Frau hatten gerade ihr erstes Kind bekommen). Mutter hatte mir geschrieben: »Die Zeit ist für mich noch nie so schnell vergangen wie in diesem letzten Jahr. Ich liebe meine Arbeit sehr und bin so dankbar, dass ich hier sein kann.«

Meine zwölfjährige Schwester Mary hatte mir zu Weihnachten geschrieben: »Ich möchte Dir etwas Wunderbares erzählen. Als wir nach Bolivien kamen, habe ich meinen Heiland gefunden. Ich wollte ihm die ganze Zeit schon gehören, aber ich wollte meine Sünden nicht bekennen. Als ich schließlich dazu bereit war und ihm all die Dinge sagte, für die ich mich schämte und die Mutter nicht wissen sollte, passierte etwas Wunderbares. Jetzt bin ich sehr glücklich.«

Ich saß am Schreibtisch in meinem Zimmer und nahm unsere Kirchenzeitung, »The Lutheran Companion«, vom 9. Februar 1949 in die Hand. Der Leitartikel von E. Ryden war mit »Trägt die Fackel des Vaters weiter« überschrieben, und der Hauptartikel trug die Überschrift: »Der Traum von Ralph Hult wird durch seine Kinder Wirklichkeit«. Ich las ihn noch einmal:

»Die Geschichte der Familie Hult ist voller Dramatik. Es fing alles mit dem Ruf an einen achtzehn Jahre alten Jungen aus Nebraska an, der an der Luther-Akademie studierte und von der geistlichen Not der Völker im Sudan erfuhr. Seine Träume schienen sich auf wunderbare Weise zu erfüllen, als ihn die Augustana-Synode 1917 ordinierte und als ihren ersten Missionar nach Afrika aussandte. Der Eintritt der Vereinigten Staaten in den Ersten Weltkrieg bewirkte die erste Unterbrechung für seine Pläne; zwei Jahre später konnte er jedoch nach Afrika ausreisen.

Eine romantische Seite bekam die Geschichte im Jahr 1921, als seine junge Frau sich zwei Jahre nach ihrer Hochzeit mutig allein auf den Weg machte, um sich ihrem Mann im Inneren Afrikas anzuschließen. Nur von einheimischen schwarzen Führern begleitet, durchquerte sie den Urwald zu Fuß und mit Booten, bis sie ihren Mann schließlich tief im Westen Afrikas erreichte.

Es folgte eine Reihe seltsamer Ereignisse, die dazu führten, dass die verwaisten deutschen Missionsfelder in Tanganjika in Ostafrika von der Augustanakirche ›übernommen‹ wurden und Hults die Anweisung bekamen, Westafrika zu verlassen und die Arbeit auf diesem neuen Feld aufzunehmen. Für Ralph Hult bedeutete das eine bittere Enttäuschung; er konnte sich nie mit der Tatsache abfinden, dass er sein Versprechen gegenüber dem Volk der Sara, zu ihnen in diese Region zurückzukehren, nicht gehalten hatte.

Nach seiner Rückkehr nach Amerika folgten Jahre zerstörter Träume und enttäuschter Hoffnungen. Für die Familie mit zehn

Kindern spitzte sich die wirtschaftliche Situation manchmal sehr zu, vor allem während der langen Jahre der Depression.

Als die deutsche Missionsarbeit in Tanganjika schließlich durch einen weiteren Weltkrieg in eine zweite Krise geriet und der Ruf nach freiwilligen Notfallhelfern erging, gehörte Ralph Hult zu denen, die darauf antworteten. Wieder einmal schien es jedoch so, als ob er von einem seltsamen Schicksal verfolgt werde, als die ›SS Zamzam‹, auf der er reiste, von einem deutschen Kriegsschiff versenkt und mit knapper Not eine Tragödie verhindert wurde. Statt nach Afrika zu kommen, landete er auf einem Gefangenenschiff und wurde schließlich nach Amerika zurückgebracht. Es dauerte noch ein ganzes Jahr, bis er die Küste seines geliebten Afrikas sah, und dann auch nur für eine kurze Zeit. Noch bevor ein Jahr um war, hatte die leidenschaftliche Seele von Ralph Hult schließlich Frieden gefunden, und das Herz, das sich immer nach Afrika gesehnt hatte, ruhte unter den Palmen von Daressalam, in der Erde des von ihm so geliebten Kontinents.

Es sieht so aus, als sollte sich sein lebenslanger Traum, der in seinem eigenen Leben unerfüllt blieb, durch seine Kinder erfüllen. Als Ingrid Hult am 23. Januar als Missionarin ausgesandt wurde, nahmen sechs ihrer Geschwister, die noch in der Ausbildung sind, an dem Gottesdienst teil. Es war nicht nur beeindruckend, sondern auch spannend …«

Langsam und wie von selbst formten sich die Worte im Brief an meine Mutter: »Mutter, das letzte Kapitel über Dein und Vatis Leben in Afrika ist noch nicht geschrieben. Es ist ergreifend zu sehen, wie die Gebete und der Kummer von dreißig und mehr Jahren jetzt Frucht tragen. Die Geschichte von Vatis Tod in Afrika berührt viele Herzen, aber noch in größerem Maß gilt das für die Geschichte, wie gehorsam Du Gottes Ruf nach Bolivien gefolgt bist …«

Ich wurde durch ein Klopfen an der Tür unterbrochen. Es war Mrs. Karlson, die Hausmutter. Sie sagte mir, dass mein Taxi da sei. Mein Gepäck für die Überseefahrt wurde in das große Taxi geladen, und sie wünschte mir eine gute Reise.

Die Fahrt bis zum Pier 61 am North River war kurz. Dort lag

Ingrids Mutter nach ihrer Ankunft in Bolivien 1947 mit ihren beiden Jüngsten, Mary und David

die »SS America« vor Anker und nahm stolz ihre Passagiere nach Le Havre an Bord. Ich schaute zu dem eleganten Schiff hoch, das mehr als zweihundert Meter lang war und Einzelkabinen und Kajüten für über tausend Passagiere beherbergte. Monatelang hatte ich mich auf diesen Moment gefreut, als ich die zweihundert Dollar für mein Ticket in der Touristenklasse zusammensparte. Ich stellte mich für die Zollformalitäten an, in der Hand meinen neuen Reisepass und meine Schiffskarte.

Meine gelbe Impfkarte vom Gesundheitsamt wurde überprüft. Pocken, Gelbfieber, Cholera, Typhus, Tetanus – gegen all das hatte ich die Impfungen über mich ergehen lassen. Mein Gepäck wurde mit meiner Kabinennummer gekennzeichnet und von einem Träger weggebracht. Große Kräne hievten immer noch Vorräte und große Koffer in den Laderaum.

Ein stetiger Strom von Passagieren bestieg das Schiff über die zwei Landungsbrücken – einer war für die erste Klasse, der andere für die Touristenklasse. Ohne einen Blick zurück trat ich von der schwankenden Landungsbrücke auf das Schiff, das mich nach Europa bringen würde. Jetzt gab es kein Zurück mehr. Ich hatte meine Wahl getroffen. In den Jahren, die vor mir lagen, würde ich Liebe, Freude und Schmerz, Geburt und Tod erleben, bevor ich in meine Heimat zurückkehrte.

Ich trug einen langen, flatternden, warmen grauen Mantel, eine dunkelgrüne Baskenmütze saß auf meinem kastanienbraunen, lockigen Haar. In meiner Reisetasche hatte ich neben meiner Bibel und meinem Schreibzeug das kostbare schwarze Tagebuch, das mein Vater vor dreißig Jahren auf seiner Reise nach Afrika geschrieben hatte. Um meinen Hals hatte ich meine neue 35-mm-Arguskamera hängen, in derselben braunen Lederhülle, die mein Vater benutzt hatte.

Die Musikkapelle spielte, als wir an Deck standen, und die Menschen am Pier winkten. Ein uniformierter Schiffsjunge ging die Gänge hinauf und hinunter, schlug einen chinesischen Gong an und forderte die Besucher an Bord auf: »Alles von Bord, was von Bord soll.« Als Nächstes ertönte die Schiffssirene – eigentlich ein unangemessener Name für das ohrenbetäubende, majestätische Tuten, das sie hervorbrachte. Ich sah zu, wie die Gangways des riesigen Schiffes hochgezogen wurden, das tiefe Dröhnen der Schiffssirene ließ meinen Körper vibrieren – ein Klang, der ein Gefühl von Aufbruch, Sehnsucht und Verlust in mir wachrief.

Das Schiff fing an, sich den North River – wie die Mündung des Hudson genannt wird – hinunter zu bewegen. Wir hatten einen großartigen Blick auf Manhattan und die Skyline von New York. Ein paar Minuten später fuhren wir an der Freiheitsstatue vorbei. Ich dachte an 5. Mose 32, Vers 11, wo Mose von Gott als einem Adler spricht, der seine Jungen aus dem Nest scheucht, damit sie fliegen lernen. Ich ließ meine Geschwister, meine Freunde, alle meine Orte der Geborgenheit hinter mir und fuhr in eine neue Welt. Ich kannte niemanden an Bord des Schiffes; das Einzige, was ich kannte, war die Nummer meiner Kabine in der Touristenklasse. Ich wollte diese Kabine finden und dort meine Tränen verstecken.

Als ich suchend durch die langen Gänge lief, kam ein schick uniformierter Schiffsjunge vorbei, der einen Namen ausrief und seine kleine Glocke läutete.

Ich horchte auf. Er rief meinen Namen! Ich folgte ihm und berührte ihn am Ärmel. Er sah mich einen Moment an und sagte dann: »Wer sind Sie überhaupt? Sind Sie jemand Besonderes? Ich habe Post für Sie.« Er hatte lauter Briefe im Arm. »Im Büro des Zahlmeisters sind noch mehr davon.«

Er betrachtete mich neugierig, bis ich erklärte: »Ich bin als Missionarin unterwegs nach Paris und von dort nach Afrika. Und heute ist mein 23. Geburtstag. Bis jetzt hab ich überhaupt nicht daran gedacht.«

Ich weinte, aber es waren Tränen der Freude. Meine Freunde hatten mich nicht vergessen.

Das größte Glück des Lebens liegt in der Gewissheit,
dass wir geliebt sind. *Victor Hugo*

Ein Mut machender Brief stammte von Pfarrer Berg. Er schrieb: »Herzlichen Glückwunsch! Ich habe das Gefühl, dass dies der schönste und glücklichste Geburtstag Deines Lebens ist. Wenn Du wüsstest, wie viele eifrige Gebete deinetwegen heute zum Thron der Gnade gebracht werden, wäre Deine Freude so grenzenlos wie der Ozean, auf dem Du unterwegs bist ... Dein Leben war bisher herrlich erfüllt und fruchtbar, aber das Beste liegt noch vor Dir ...

Diesen Sonntag predigte ich über das Gleichnis der Arbeiter im Weinberg. Du erinnerst dich bestimmt, dass die ersten Arbeiter in Matthäus 20, Vers 2 noch mit dem Hausherrn über den Lohn verhandelten. Aber die nächsten Arbeiter vertrauten ihm, als er sagte: ›Geht ... ich will euch geben, was recht ist.‹«

Weiter unten in seinem Brief schrieb Pfarrer Berg noch: »Vertraue ihm. Er wird für Dich sorgen.«

5. Von der Liebe überrascht

Lieben heißt nicht, einen anderen ergreifen,
um sich zu vervollständigen,
sondern sich an einen anderen zu verschenken,
um ihn zu vervollständigen. *Michel Quoist*

Die Überfahrt verlief ruhig, und ich brachte Stunden im Liegestuhl zu, wobei ich sowohl zurück als auch nach vorn sah. Einige Male gingen meine Gedanken zu einem graduierten deutschen Austauschstudenten zurück, den ich nur flüchtig kannte: Walter Trobisch. Wir hatten in der Cafeteria des Augustana-Colleges mit einigen Freunden zusammengesessen, und ich konnte nicht vergessen, was er zu uns gesagt hatte:

»Ihr Amerikaner müsst daran denken, dass Gott kein Weihnachtsmann oder ein ständig lächelnder alter Opa im Morgenmantel ist, der uns für unser gutes Benehmen belohnt oder sich freut, wenn wir gnädigerweise einmal ›Dankeschön‹ zu ihm sagen! Wenn er will, kann er alles und jeden zerstören, den wir kennen.«

Walter sprach aus tiefster Überzeugung. Mit achtzehn Jahren war er in Hitlers Armee einberufen worden, war im Krieg mehrfach verwundet worden und hatte seine einzige Schwester verloren. Das Schicksal Deutschlands sah er als warnendes Zeichen für alle Völker der Erde. Er entwaffnete mich durch seine ruhigen und festen Überzeugungen. Wenn ich mit ihm zusammen war, hatte ich das Gefühl, dass mein Glaube zu einfach und zu naiv war.

Pfarrer Berg hatte Walter zu meinem Aussendungs-Gottesdienst eingeladen. Er hatte ganz hinten in der Kirche gestanden. Später an diesem Abend schrieb Walter in sein Tagebuch: »Sonntag, 23. Januar 1949. Habe mein Zimmer aufgeräumt. Besuchte den Aussendungsgottesdienst für Ingrid Hult. Sie ist 22 Jahre alt. Klarer Kopf, engagiert, zu jedem Kampf gerüstet und doch ganz eine Frau. Solch einen Menschen würde ich auf

Walter Trobisch im November 1948
am Augustana Seminary in Rock Island in Illinois,
wo er als Gaststudent Theologie studierte

der Stelle heiraten, ohne einen Augenblick zu zögern.« Dann vergaß er, dass er so etwas jemals geschrieben hatte. Es vergingen über vierzig Jahre, und er war schon lange tot, als ich seine Tagebücher durchstöberte und diesen Eintrag entdeckte, den er als deutscher Student in Amerika an jenem Abend geschrieben hatte.

Die Welt ist ein Buch. Wer zu Hause bleibt, sieht nur eine Seite.
Augustinus

Paris war wirklich eine neue Seite in meinem Leben. Ich fand ein ideales Zimmer nur ein paar Schritte vom *Jardin du Luxembourg* entfernt.

Meine Vermieterin war Ärztin und wir freundeten uns schnell miteinander an. Durch Dr. Tisserand lernte ich die französische Denkweise zu schätzen, die großen Wert auf Klarheit und Genauigkeit legt. Ein Autor schrieb einmal: »Was nicht leicht zu verstehen ist, ist nicht französisch.«

Mein Zimmer war ziemlich kalt. Ich hatte ein kleines elektrisches Heizgerät, aber jedes Mal, wenn ich es einsteckte, flog die Sicherung heraus, darum hielt ich mich meist dadurch warm, dass ich mehrere Schichten Kleider übereinander trug. Ich schrieb an meine Schwester Martha:

»Ich wünschte, Du könntest mein gemütliches kleines Zimmer sehen. Ich kann mich darin höchstens zweimal umdrehen – aber es ist heimelig. Meine Couch dient auch als Bett, und über dem Schreibtisch sind Regale eingebaut. Dort stehen meine französischen Lehrbücher und Bilder von der Familie. Das Zimmer ist im siebten Stock, und das Fenster geht nach Süden. Das bedeutet, dass die Sonne immer zu mir hereinkommen muss, wenn sie sich entschließt zu scheinen. Zu dieser Jahreszeit ist das allerdings äußerst selten.

Ganz unten ist ein Kaffeegeschäft, und ich rieche immer den Geruch von gerösteter Zichorie, die die Franzosen gern ihrem Kaffee beimischen. Auf meinem Schreibtisch liegt Vaters geschnitztes Holzkreuz, das er von einem afrikanischen Stammeshäuptling bekommen hat und das zu Hause immer auf seinem Schreibtisch stand.

Ich hoffe, dass Du inzwischen das kleine Päckchen erhalten hast, das ich vor ungefähr drei Wochen abschickte. Du wunderst Dich wahrscheinlich, warum ich die Buchstützen mit eingepackt habe. Bitte tu mir einen Gefallen, Martha. Kannst Du die Buchstützen in die Bibliothek der Luther-Akademie zurückbringen? Dort gehören sie nämlich hin. Ich habe sie vor sechs Jahren mitgenommen und die ganze Zeit behalten. Als ich mein Gewissen erforschte und mich fragte, ob alles, was ich habe, auch wirklich mir gehört, wurde mir klar, dass das für diese Buchstützen nicht gilt. Ich lege ein paar Zeilen an die Bibliothekarin bei. Ganz vielen Dank, liebe Schwester.«

Ich besuchte regelmäßig die Vorlesungen an der *Alliance Française* und an der *Sorbonne*. Nach einem Jahr erhielt ich sowohl mein *Diplôme Moyen* als auch mein *Diplôme Supérieur*. Mit einem weiteren Diplom würde ich die Bescheinigung erhalten, dass ich dazu berechtigt war, in jedem Land der Welt außer Frankreich Französischunterricht zu geben. Mitten hinein in diese tägliche Routine kam ein Brief von dem jungen Deutschen, den ich vor einem Jahr am Augustana-College flüchtig kennen gelernt hatte.

Walter Trobisch war inzwischen Jugendpfarrer in Ludwigshafen geworden. Er lud mich ein, nach Deutschland zu kommen und seinen Jugendgruppen etwas über meinen Ruf in die Mission zu erzählen. Ich lehnte diese Einladung sofort ab. Es gab so viel, was ich vor meiner Abreise nach Afrika noch zu erledigen hatte. Eine Reise nach Deutschland gehörte nicht dazu.

Ein paar Tage später gab der Geographieprofessor in der Vorlesung bekannt, dass wir wegen des Karnevals eine Woche Ferien hätten. Was sollte ich mit diesen Tagen anfangen? Ich schaute mir die Karte von Frankreich an und sah, dass Ludwigshafen nicht weit von der französischen Grenze entfernt war. Warum sollte ich nicht dorthin fahren? Ich schrieb dem jungen Pfarrer, dass ich seine Einladung nun doch annehmen könne, wenn sie noch galt. Zwei Tage später erhielt ich ein Telegramm: *»Willkommen!«*

Es war ein seltsames Gefühl, aus dem Pariser Zug in der grauen Industriestadt Ludwigshafen auszusteigen. Ich fragte mich schon die ganze Zeit: »Was tue ich hier? – Was würde Mutter denken?« Aber nun kamen diese Gewissensbisse zu spät. Dort wartete Walter Trobisch in seiner Motorradkluft auf mich. Der einteilige Schutzanzug stand ihm nicht besonders gut, fand ich.

»Ich habe wenig Zeit. Ich muss zu einem Jugendtreffen«, erklärte er beiläufig. »Mein Freund hier wird dich zum Haus des Pfarrers bringen. Dort kannst du in den nächsten Tagen wohnen.« Diese hingeworfene Begrüßung trug nicht gerade dazu bei, mein Herz für ihn zu erwärmen. Große Zweifel am Sinn meiner Reise verunsicherten mich, als sein Freund mit mir in der Straßenbahn zu Pfarrer Kreiselmaier fuhr.

Sobald sich jedoch die Tür öffnete, ging es mir besser. Frau Kreiselmaier behandelte mich so freundlich, als wäre ich ihre Tochter. Sie sagte mir auch ganz ehrlich, dass meine Regenjacke aus einem Laden mit US-Armee-Beständen einen falschen Eindruck auf die Leute machen könnte, vor denen ich sprechen würde. Schließlich kam ich nicht im Auftrag der Besatzungsmacht. Sie machte mir das freundliche Angebot, ihren besten schwarzen Mantel zu tragen, solange ich in Deutschland war.

Walter Trobisch traf ich erst am nächsten Nachmittag wieder. Er zeigte mir seine Ein-Zimmer-Wohnung und besprach den geplanten Ablauf des Jugendtreffens am Abend mit mir. Wir würden beide erzählen, wie Gott uns geführt hatte, und er würde mich übersetzen. Der Versammlungsraum war voll gestopft mit jungen Leuten, die mit gespannter Aufmerksamkeit zuhörten. Ich spürte überrascht, dass ein Segen auf unserer Zusammenarbeit lag. Bisher waren wir völlig unpersönlich miteinander umgegangen. Irgendwie war es fast so, als würden wir uns indirekt, durch die Zuhörer, besser kennen lernen.

Nach dem Abend fragte mich Walter, ob ich mich traute, am nächsten Tag mit ihm eine Fahrt auf dem Motorrad zu machen. Ich stellte mich mutig und sagte ja, obwohl ich noch nie auf einem Motorrad gesessen hatte, schon gar nicht im nasskalten deutschen Februar.

»Gut!«, sagte er. »Dann würde ich dir gern die Arbeit der Volksmission hier zeigen. Aber das bedeutet für dich achtzig Kilometer auf dem Motorradrücksitz. Hältst du das aus?«

Ich nickte stoisch. Frau Kreiselmaier suchte aus dem Schrank ihrer Tochter alle warmen Sachen hervor, die sie finden konnte. Verpackt in Pullover, Skihose, Schal und sogar mit einem Fliegerhelm bestieg ich dann nicht etwa ein rassiges weißes

Märchenross, sondern den Rücksitz von Walters dröhnender schwarzer Horex. Der missbilligende Blick von Pfarrer Kreiselmaier verfolgte mich noch lange.

Anfangs fürchtete ich mich sehr. Aber als wir auf der Landstraße waren, entspannte ich mich allmählich. Wir fuhren durch die malerischen Weindörfer der Pfalz. So dicht hinter Walter auf seinem Motorrad zu sitzen war sowohl herrlich als auch beunruhigend. War es unanständig, so nahe bei ihm zu sitzen? Ich versuchte meine Gefühle zu ordnen. Auf was für ein riskantes Abenteuer hatte ich mich hier eingelassen? Dann öffnete sich auch noch der Himmel und ein kalter Regen ging auf uns nieder, der bald zu eisigem Schneeregen wurde. Das Motorrad geriet mehrmals ins Schleudern.

Schließlich erreichten wir das Dorf Annweiler und klopften an die Tür des Pfarrhauses. Die Frau des Pfarrers schrie überrascht auf, als sie die zwei nassen und vor Kälte zitternden Gestalten vor sich sah.

»Kommen Sie schnell herein!«, rief sie. »Nehmen Sie die nassen Sachen ab. Setzen Sie sich ans Feuer, ich bringe Ihnen heißes Wasser für die Füße.«

Mir war es peinlich, aber Walter schien großen Spaß an unserem gemeinsamen Fußbad zu finden. »Was würden deine Freunde sagen, wenn sie uns jetzt so sehen könnten?«, neckte er mich. Aber er war auch sehr fürsorglich. Auf einem Sofa im Arbeitszimmer des Pfarrers durfte ich mich anschließend ausruhen. Walter legte mir behutsam eine Decke um die Füße. Diese Geste berührte mich tief. Mein Vater war der letzte Mann gewesen, der so etwas für mich getan hatte.

Draußen hörten wir, wie der Ortsdiener eine wichtige Versammlung um 19.30 Uhr in der katholischen Dorfkirche ankündigte. Jedermann war eingeladen. Walter erklärte mir, dass die evangelische Kirche zerbombt war. Mehrere Laien würden neben Walter und Pfarrer Fuchs bei der Veranstaltung mitmachen und von ihrem Glaubensweg erzählen: eine Ärztin, ein Landwirt, ein Fabrikarbeiter und ein Lehrer.

Diesen Abend werde ich nie vergessen. In der großen, ungeheizten Kirche drängten sich erwartungsvoll die Menschen. Sie hatten alles Mögliche übereinander an, um sich warm zu halten. Man konnte sogar den eigenen Atem sehen, darum behielten selbst die Redner ihre Mäntel, Schals und Handschuhe an. Das Publikum hörte jedem Einzelnen mit großer Aufmerksamkeit zu.

Dann kam Walter an die Reihe. Er trug seinen grauen, ölverschmierten Motorradanzug und erzählte anschaulich von seinen Abenteuern in Amerika. Während er sprach, lachte das Publikum und lauschte dann wieder mit gespanntem Interesse. Ich verstand nur ein paar Brocken seines deutschen Vortrags, aber ich konnte die Augen nicht von ihm abwenden. Er hatte die volle Aufmerksamkeit von jedem Einzelnen im Raum. In meinem Inneren wurde eine Stimme laut: »Ingrid, erinnerst du dich an deine Fürbitte seit Jahren? Schau, das ist der Mann, der dein Partner fürs Leben werden soll.« Ich schnappte nach Luft und dachte: »Aber das ist überhaupt nicht mein Traumtyp. Er ist kaum so groß wie ich, und er ist ein Deutscher. (1950 – so kurz nach dem Zweiten Weltkrieg – war das eine schwer wiegende Aussage.) Ich wollte doch immer einen großen Schweden heiraten. Er hat die Berufung, mit jungen Leuten in Europa zu arbeiten, und ich bin auf dem Weg nach Afrika. Wie soll das zusammenpassen?«

Die Versammlung war zu Ende. Es wurde entschieden, dass wir in der kalten Winternacht nicht nach Ludwigshafen zurückfahren, sondern bis zum Morgen warten sollten. Ich durfte im Pfarrhaus übernachten. Die Frau des Pfarrers brachte mir an diesem Abend noch Kakao und Plätzchen. Sie sprach gut Englisch und erklärte mir, dass ihr Haus in den letzten Kriegstagen bombardiert worden war. Nach fünf Jahren war immer noch nicht alles repariert. Als sie mir zeigte, wo ich schlafen sollte, erklärte sie mir, dass es das Zimmer ihrer einzigen Tochter war. Sie war bei der Bombardierung des Dorfes durch die Amerikaner ums Leben gekommen.

In jener Nacht schlief ich nicht viel. Ich dachte daran, wie mein Vater mir vor so vielen Jahren aufgetragen hatte, ich sei nicht zu jung, um für meinen zukünftigen Partner zu beten. Ich hatte seinen Rat ernst genommen. Jedes Mal, wenn ich in meinen Studienjahren kurz vor einer engeren Freundschaft mit einem jungen Mann gewesen war, schien ich innerlich zu hören: »Noch nicht, Ingrid. Warte noch.« Und jetzt das!

Als wir am nächsten Morgen auf dem Motorrad nach Ludwigshafen zurückfuhren, tauschten Walter und ich nichts als höfliche, unpersönliche Bemerkungen aus. Morgen würde ich nach Paris zurückkehren. Walter sagte, er käme am frühen Nachmittag bei mir vorbei, bevor er sich auf eine weitere Abendveranstaltung für die Jugendlichen vorbereiten musste.

»Endlich«, dachte ich. »Vielleicht werden da die Mauern zwischen uns fallen.« Aber er kam nicht – nicht um ein Uhr, nicht um zwei, nicht um drei. Es war halb fünf, als er schließlich erschien. Seine einzige Erklärung war, dass er mir Zeit zum Ausruhen geben wollte und dass er auch seiner Korrespondenz einige Zeit gewidmet hatte. Ich war sprachlos und wütend.

»Was ist los, Ingrid?«, fragte Walter ehrlich verwundert. »Ich spüre, dass dich irgendetwas stört. Du musst mir sagen, was es ist, sonst liegt heute Abend kein Segen auf der Veranstaltung.«

Da brachen mein Zorn und Unverständnis aus mir heraus. Ich warf ihm vor, dass er mich benutzte, um seine eigenen Interessen zu fördern. O ja, er war wirklich nett zu mir, sagte ich ihm, aber auf eine Weise, wie man zu einem preisgekrönten Hund nett ist. Was sollte diese kalte Gleichgültigkeit bedeuten? Warum war ich überhaupt gekommen? Warum war ich nicht in Paris geblieben, wo ich hingehörte?

Walter sah mich erstaunt an. Als Erstes versuchte er seine Haltung scheinbarer Gleichgültigkeit zu erklären. Der Grund dafür war sein Eindruck, er solle für die nächsten Jahre ungebunden bleiben, um für die Arbeit in Deutschland frei zu sein, die ihm so am Herzen lag. Die Türen für seinen Dienst unter den jungen Menschen schienen weit offen zu stehen. In seiner Funktion als Leiter hatte er gelernt, dass er äußerst vorsichtig sein musste, um in den jungen Frauen, mit denen er in Berührung kam, keine persönlichen Gefühle zu wecken. Nach den Verlusten durch die Kriegsjahre kamen zu jener Zeit auf jeden Mann in Deutschland sieben Frauen.

Dann fuhr er fort: »Ingrid, ich wollte dich nicht verletzen. Es gibt kein Mädchen, das ich mir mehr zur Frau wünschte als dich. Aber ich kann nicht so unbedacht und unbekümmert in dein so klar vorgezeichnetes Leben einbrechen. Zunächst ist klar, dass du deine Aufgabe in Afrika hast und ich meine hier.«

Es war nun Zeit für das Abendessen und das Jugendtreffen. Wieder erlebte ich diese tiefe Freude, mit einem Mann zusammenzuarbeiten, der wusste, was er wollte. In allem, was er tat, war er ganz sicher, dass Gott ihn führte.

Am nächsten Tag brachte er mich zum Bahnhof, wo ich den Zug nach Paris bestieg. Alle Möglichkeiten blieben offen, als wir uns trennten. Wir waren uns einig, dass wir vor Gott ruhig werden und uns von ihm den nächsten Schritt zeigen lassen wollten.

Ein paar Tage später erhielt ich folgende Zeilen von ihm. Er hatte sie auf Englisch verfasst:

»Liebe Ingrid!

Danke, dass Du hier zu unserer Jugend gesprochen hast. Eine Nacht ist vergangen seit Deinem Abschied. Etwas, was lang blockiert war, strömt jetzt aus meinem Herzen. Ich schreibe meine Gefühle so ehrlich, wie ich kann. Ich bin immer noch glücklich …«

Eine Woche später schrieb er wieder:

»Ich entschuldige mich für diese armseligen Worte. Dies wird wahrscheinlich der ungeschickteste Liebesbrief, der je auf Englisch geschrieben wurde. Bitte versuche zu spüren, was ich meine, und lege die Worte nicht auf die Goldwaage … In Deiner Nähe fühle ich mich verändert. In meinen Augen bist Du zu gut, um aus der Liebe ein Spiel zu machen.

Dein Walter.«

6. Lichtenberg 1950

Immer sieht das Herz, bevor der Kopf sehen kann.
Thomas Carlyle

Im Juni 1950 hatte ich mein Studium in Paris beendet und bereitete mich auf meine Schiffsreise nach Westafrika vor. Aber ich hatte noch Zeit. Es zog mich nach Deutschland. Die ganze Atmosphäre des Landes und die Lebensart seiner Menschen waren meiner amerikanischen Heimat näher verwandt als der französische Lebensstil. Walter fand für mich ein Zimmer in einem Malerhaus in Allemühl im Odenwald. Dort entspannte ich mich, erholte mich und fand mich selbst wieder. Die sanften Höhen des Odenwalds erinnerten mich an die Ozarks.

Jeden Montag, wenn er frei von seinen Pflichten war, kam mein »Prinz« aus Ludwigshafen auf seinem Motorrad und besuchte mich. Bevor ich Europa verließ, wollte Walter, dass ich seine Mutter kennen lernte. Sie reiste eigens aus Leipzig an, um einige ruhige Tage mit mir in Allemühl zu verbringen. Sie hieß Gertrud, fast wie meine Mutter. Vor ihrer Heirat war sie Lehrerin gewesen und sie war eine mutige, schöne Frau. Mit ihrer Intelligenz und ihrer Fähigkeit, sich am Leben zu freuen, verbreitete sie sehr viel Freude um sich.

Dann schlug Walter plötzlich vor, wir könnten die letzten Tage unseres Urlaubs zu einer evangelischen Bauernfamilie auf dem Lichtenberg in Oberösterreich reisen. Der Weiler bestand aus fünf Häusern, die mitten auf dem Berg friedlich auf einer Lichtung standen. Bis heute ist die Zahl der Häuser nur von fünf auf sieben gewachsen! Hier hatte sich Walter von seinen Kriegsverletzungen erholt, und der Ort war ihm ans Herz gewachsen.

Wir bestiegen wieder sein berühmtes Motorrad, das er als Abschiedsgeschenk von der Lutherischen Jugend in Amerika bekommen hatte. Er lobte mich, dass ich als Beifahrerin immer geschickter wurde und mich im richtigen Winkel in die Kurven legte. Ich werde nie vergessen, wie atemberaubend und erhebend der Anblick der Berge bei meiner ersten Fahrt durch die Alpen auf mich wirkte.

Damals führte noch keine Straße dorthin. Mit einer Güterseilbahn schwebten wir hinauf und verbrachten hier die letzten gemeinsamen Tage, umgeben von der überwältigenden Schönheit der Alpenlandschaft. Ich verstand sofort, warum er mich hierher bringen musste. Wie gern hätte ich ihm die Schönheit der Natur gezeigt, die in meiner Heimat, in den Ozarks, zu finden war! Wenn man einen Menschen liebt, möchte man alles Schöne mit ihm teilen.

Auf dem Lichtenberg wanderten wir zusammen auf den Waldwegen, als wäre diese Zeit die einzige, die uns gehörte. Der Lichtenberg gehört zu den Ausläufern der Alpen. Einige Jahre später sollte diese Gegend berühmt werden. Da sang Julie Andrews in einem romantischen Film über die Familie Trapp, die 1938 aus Österreich hatte fliehen müssen, auf einem der Berghänge ganz in der Nähe. Dies war die Landschaft des Films »Sound of Music«. Unter unseren Schuhen knackten stachlige Zapfen, dann wieder dämpften dicke Schichten von Fichtennadeln unsere Schritte. Gemächlich folgten wir der tiefen Rinne eines alten Holzfällerpfades. Langsam und stockend begann Walter, mir von seinen Kriegserlebnissen zu erzählen.

»Ingrid, dies ist die schönste Gegend, die ich kenne«, sagte Walter zu mir. »Die hohen Berge sind für mich wie Predigten über das Ewige und Unveränderliche.« Er gab mir das Gefühl, die reichste Frau der Welt zu sein. Es war die reine Seligkeit, neben dem Mann zu stehen, den ich liebte, und die ewige Pracht der malerischen Täler dort unten auf mich wirken zu lassen. Ich unterdrückte eine innere Stimme, die mein Herz bremsen und mich jeden Moment daran erinnern wollte, dass wir bald durch Kontinente voneinander getrennt sein würden.

Nein, er war immer noch da und ging vor mir her. Er trug ein weiches Flanellhemd, das an den Ellbogen geflickt und an den Manschetten leicht ausgefranst war. Wir verfügten beide über kein großes Einkommen, und es war uns auch nicht besonders wichtig, Sachen, die etwas abgetragen, aber noch gut zu gebrauchen waren, zu ersetzen. Ich merkte bald, dass Walter sich über solche Angelegenheiten überhaupt keine Gedanken machte. Er hatte immer ein besseres Gespür für die geistlichen Bedürfnisse anderer als für das, was für seine Garderobe nötig war. Mein Herz zog sich zusammen bei dem Gedanken, dass ich ihn in wenigen Tagen verlassen musste.

»Ich wurde mit achtzehn einberufen und wurde Infanterist in Hitlers Armee, nur zwei Wochen, nachdem ich am Petrusgymnasium in Leipzig mein Abitur gemacht hatte. Nach der Grundausbildung wurde ich an die russische Front geschickt. Der entsetzliche Kampf um Stalingrad machte mich mit der harten Wirklichkeit des Krieges bekannt. Wir hatten mehr Angst davor zu erfrieren, als von einer tödlichen Kugel getroffen zu werden. Zumindest sorgte die Kugel für einen schnellen und oft auch gnädigen Tod.«

»Walter, wie kannst du nur so reden?«, protestierte ich.

»Liebes, du wolltest doch, dass ich dir vom Krieg erzähle. Jeder einzelne Satz kostet mich einen Kampf. Es ist leichter, gar nicht darüber zu sprechen, als das in Worte zu fassen, was sich nicht in Worte fassen lässt. Bitte, versuch mir keine Fragen zu stellen«, bat er mich. Ich hielt mein Versprechen, und nur noch ein einziges Mal in meinem Leben fragte ich ihn nach der Geschichte seiner Kriegsjahre. Wir machten damals einen Campingurlaub in Südeuropa, und unsere Kinder waren im Teenageralter. Für sie war es wichtig, davon zu erfahren.

»Im Winter 1942 vor Stalingrad hätte ich tausend Mal sterben können. Was mich am Leben hielt, waren einige Gedichte, die ich meiner Mutter als Weihnachtsgeschenk geschrieben hatte. Ich bewahrte sie in der Innentasche meiner Uniform auf. ›Ich kann jetzt noch nicht sterben‹, schrieb ich mit Bleistift in mein Tagebuch, ›nicht, bevor ich sie abgeschickt habe.‹

Ein paar Tage später sagte der Militärarzt zu uns Männern im Schützengraben, dass wir nur noch 24 Stunden zu leben hätten. Entweder würden wir erfrieren oder die russischen Panzer würden uns überrollen. Ich meldete mich freiwillig, ein kleines Feuer über Nacht in Gang zu halten. Wir schmolzen Schnee, damit die Soldaten etwas Warmes zu trinken hatten. Das bedeutete, dass für mich die Gefahr, getroffen zu werden, sogar noch größer war.«

Walter rang um Worte, um zu beschreiben, was als Nächstes geschehen war.

»Du kannst dir den Morgen nicht vorstellen, liebe Ingrid. Wir wussten, dass dies unser letzter Tag sein würde. Das erste Licht der Dämmerung brachte nichts als Schönheit und Frieden und Trost. Dieses unwirkliche Gefühl, über dem grässlichen Kriegsgeschehen zu schweben, erfasste mich mehr und mehr. Einer meiner Freunde erlebte genau das Gleiche. Je mehr das Tageslicht zeigte, wie hoffnungslos unsere Situation war, desto weniger beherrschte uns die Angst. Ich öffnete mein Losungsbuch und las Psalm 18,3 so laut vor, dass es alle hören konnten: ›Der Herr ist mein Schild!‹

In diesem Moment traf mich ein Schuss in den Oberschenkel. Angetrieben von einer Kraft, die nicht aus mir selbst kam, kroch ich wie bei einem Spießrutenlauf durch das Feuer der Heckenschützen. Auf einer Strecke von mehreren hundert Metern zischten die Kugeln um mich herum. Immer wieder wiederholte ich die Worte: ›Der Herr ist mein Schild.‹ Vermutlich rettete mich, dass ich nicht mehr gehen oder aufrecht laufen konnte. Das Nächste, an das ich mich erinnere, war, dass einige Sanitäter mich hinter die Linie in Sicherheit schleiften. Sie verbanden meine Wunde und warfen mich hinten auf einen deutschen Rotkreuz-Laster. Er entkam durch eine Lücke im Ring der russischen Soldaten, die die besiegte deutsche Armee einkreisten. Es war das letzte Fahrzeug, das entkommen konnte, bevor sich der russische Ring zuzog.«

Unser Pfad brachte uns nun zu einer hellen Lichtung im Wald. Buschiges, kniehohes Gras bedeckte den ebenen Boden wie ein zerzauster Teppich. Ein warmes Lüftchen bewegte das Gras und spielte mit unserem Haar. Der Zauber dieses Ortes berührte uns tief und wir setzten uns wie ein Königspaar auf einen mächtigen Baumstumpf.

Walter legte seinen Arm um mich. Was er als Nächstes sagte, war ihm besonders wichtig: »Dort in den Wirren des Kampfes um Stalingrad, wo ich nur noch wenige Stunden zu leben hatte, entschied ich mich ganz klar für Christus. Bei meiner Rettung hatte ich den Eindruck, dass Gott seine Hand auf besondere

Weise auf mich gelegt hatte. Von da an wollte ich ihm dienen, und *nur ihm*.«

Tiefe Ehrfurcht ergriff mich und mir wurde klar, dass das Wunder seiner Rettung und seine tief gehende Bekehrung im gleichen Jahr geschehen waren, in dem ich zitternd bei der Beerdigung meines Vaters verkündet hatte: »Meine Geschwister und ich wollen nun umso entschiedener unser ganzes Leben dafür einsetzen, dass sich Gottes Reich auf dieser Erde ausbreitet. Wir wollen dort sein, wo Gott uns haben will.«

Eingedenk des Rates meines Vaters hatte ich mit neuem Eifer und neuer Dringlichkeit um Bewahrung für meinen zukünftigen Lebenspartner gebetet. Viele meiner Klassenkameraden und meine beiden älteren Brüder wurden nach dem japanischen Angriff auf Pearl Harbor für den Kriegseinsatz ausgebildet. Ich erinnere mich ganz genau, wie ich in dieser Zeit für meinen Partner betete und in einer Vision sah, dass er verwundet im Schnee lag. Natürlich dachte ich keinen Moment daran, er könnte in Russland sein. Als ich Walter davon erzählte, zog er mich noch enger an sich und küsste mich ohne ein Wort.

Für heute hatten wir genug über den Krieg gesprochen.

Walter setzte seinen Bericht am nächsten Tag fort, als wir wieder zusammen wanderten. Ich achtete darauf, ihn nicht zu unterbrechen.

»Nach meiner Genesung wurde ich ein zweites Mal an die Front geschickt, dieses Mal in die Ukraine. Ich brauche dir wohl kaum zu sagen, dass mir Hitlers Krieg von Anfang an aussichtslos und sinnlos vorkam. Meine Mutter sagte oft mit ihrem trockenen, ansteckenden Humor: ›Von dem Moment an, als Walter einberufen wurde, begann Deutschland den Krieg zu verlieren.‹ Natürlich hatte meine Stalingrad-Erfahrung meine Meinung über die deutschen Kriegsanstrengungen nur bestätigt. Du musst dir vorstellen, dass meine Kameraden und ich an diesem Punkt noch keine Ahnung hatten, was zu Hause mit den Juden geschah.

Ich weiß noch, dass ich immer wieder in mein Tagebuch schrieb, wie sehr ich die Nähe Christi körperlich spüren konnte. Er ging neben mir, ganz deutlich und ernsthaft. Er war in mir. Er ging vor mir her. Ja, er schützte mich sogar von hinten. Der einzige Ort, an dem ich versuchen konnte, etwas zu schlafen, war der Schützengraben. Ich war in einer ganz seltsamen Verfassung. Einerseits wollte ich mit jeder Faser meines Wesens am Leben festhalten. Andererseits freute ich mich über die Aussicht, bald bei Jesus zu sein ...«

Gott ist ein Verb und kein Substantiv. *R. Buckminster Fuller*

»Ich war versucht, einfach aufzugeben und mich hinzulegen. Am 11. September 1943 las ich in den Losungen einen Vers aus Jesaja (26,4): ›Verlasst euch auf den Herrn immerdar; denn Gott der Herr ist ein Fels ewiglich.‹ Ein Schrapnell traf mich von hinten am Kopf und am Hals. Eine Kugel verwundete mich am linken Arm. Ich schob mich millimeterweise nach hinten, immer weiter, unter großer Anstrengung und mit übermenschlicher Kraft. Die ganze Zeit klammerte ich mich daran, dass Gott mein Fels war, ob ich nun lebte oder starb. Schließlich muss ich eine sichere Stelle hinter der Schusslinie erreicht haben. Jemand verband meinen Kopf, um die Blutung zu stillen. Mein zerschlagener, hilfloser linker Arm wurde eingegipst und ich kam in ein Gipsbett. Dann wurde ich zu einer verlassenen Hütte getragen und zwischen lauter sterbende Männer gelegt. Als die Sanitäter ein paar Stunden später wieder nach mir sahen und merkten, dass mein Pulsschlag noch da war, trugen sie mich in den letzten Lazarettzug, der nach Wien ging.

Drei Tage später wurde ich in dieser schönen Stadt im katholischen Krankenhaus ›Zum göttlichen Heiland‹ aufgenommen.«

Walter konnte damals nicht ahnen, dass sein Enkelsohn Charles genau vierzig Jahre später in diesem Krankenhaus zur Welt kommen würde. Von unseren vierzehn Enkelkindern ist Charles auch der Einzige, der eines der hervorstechenden Merkmale seines deutschen Großvaters geerbt hat: ein Grübchen am Kinn!

Als wir Hand in Hand weitergingen, verriet mir Walter, dass er seit dem Krieg zumindest eine Kunst vollkommen beherrschte – die Fähigkeit, tief und fest einzuschlafen, sobald sein Kopf das Kissen berührte.

»Wie machst du das?«, fragte ich.

»Ich muss nur an das Geräusch des Zuges denken, der mich nach Wien brachte. Nach der unglaublichen seelischen Erschütterung auf dem Schlachtfeld sangen die Räder mir rhythmisch und fortwährend vor: ›Du bist geborgen – du bist geborgen – du bist geborgen.‹«

Mein Abschied von den Freunden am Augustana-College in Rock Island war schwer gewesen. Mein Abschied von Walter auf dem Salzburger Bahnhof zerriss mir das Herz. Unser väterlicher Freund und Seelsorger, Pfarrer Fuchs, hatte uns die einfachen Worte mitgegeben: »Ein Christ ist ein Mensch, der warten kann.« Wir wussten, dass unsere Freundschaft tief und stabil war, und zweifelten nicht daran, dass sie den Schmerz einer langen Trennung ertragen konnte. Diese Gewissheit minderte jedoch das tiefe Weh in meinem Herzen überhaupt nicht, als ich mich im Mozart-Express unaufhaltsam nach Paris zurück bewegte. Nein, für mich sangen die Räder nicht: »Du bist sicher. Du bist sicher.« Stattdessen hämmerten sie mir unaufhörlich die Tatsache ein, dass ich mich weiter und immer weiter von meinem Liebsten entfernte.

In Paris packte ich wieder einmal meinen kupferbeschlagenen Überseekoffer. Ich sollte am 11. September auf der »SS Banfora« von Marseille aufbrechen. Es würde zwei ganze Wochen dauern, bis ich Douala in Kamerun erreichte.

Bevor Walter den Lichtenberg verließ, schrieb er am 23. August 1950 an meine Mutter in Bolivien:

»Liebe Mrs. Hult!

Ingrid hat Ihnen sicher von mir erzählt, darum wird es nicht nötig sein, dass ich mich vorstelle.

Ihre Tochter hat während ihres Aufenthalts in Deutschland viele Herzen bewegt. Die Menschen mögen sie und hören ihr mit voller Aufmerksamkeit zu. Es ist für mich das Schönste und ein großer Segen, sie zu übersetzen. Ich kann wirklich sagen, dass wir uns durch diese gemeinsame Arbeit für das Evangelium langsam besser kennen gelernt haben. Von Anfang an war unsere Beziehung nicht auf Gefühle gegründet. Wir wurden einfach zusammengestellt, um einen gemeinsamen Dienst zu tun.

Keiner von uns hat irgendetwas forciert. Wie könnten wir auch – wo wir doch so unterschiedliche Pläne und Berufungen für die Zukunft haben? Ich würde es nie wagen, aus einer eigenmächtigen Entscheidung heraus in Ingrids Leben zu treten. Aber je weniger wir tun, desto mehr tut der Herr.

Hier auf diesem Bergbauernhof, zwei Stunden Fußweg vom nächsten Dorf entfernt, hatten wir Zeit, um gemeinsam vor Gott ruhig zu werden. Wir lasen in der Bibel und beteten. Zwischen uns herrscht große Harmonie, aber auch tiefe Gelassenheit. Menschlich gesprochen sieht die Zukunft unklar aus. Aber im Licht des Wortes Gottes und im Bewusstsein seiner Nähe wird alles klar.

Wir zweifeln nicht daran, dass Ingrid nach Afrika gehen soll. Dieses Wagnis mit Gott, diese Unsicherheit, diese Ungewissheit, was Gott tun wird, ist ein geistliches Abenteuer, das uns lockt und unseren Glauben stärkt.

Gestern Abend erzählte Ingrid den Bauern und ihren Familien hier auf dem Lichtenberg die Geschichte Ihrer Familie. Wenn wir sehen, wie gnädig der Herr bisher gewesen ist, wie können wir da vor irgendetwas Angst haben?

Gott segne Sie und Ihren Dienst. Danke für Ihre Gebete.

In Christus Jesus Ihr Walter«

Sieben Jahre nach dem Tag, an dem Walter in der Ukraine verwundet und im Schutz von Gottes Verheißung gerettet worden war, bestieg ich das Schiff, das mich nach Afrika bringen sollte. Hier einige Auszüge aus meinen wöchentlichen Briefen an Walter, als ich mich auf das große Abenteuer einließ:

»An Bord der SS Banfora, den 11. September 1950

Lieber Walter!
Eben glitt unser Schiff lautlos aus dem alten Hafen von Marseille in das ruhige Wasser des Mittelmeers. Kein Wölkchen trübt den Himmel. Ich fand ein ruhiges Fleckchen auf Deck hinter einem Stapel von Tauen, wo ich die See im Blick habe und an Dich schreiben kann.

›Herzlich lieb habe ich dich, Herr, meine Stärke.‹ Dieser Vers aus Psalm 18 ist meine Verheißung für diesen Tag. Die brauche ich auch, denn ich bin sehr einsam. Ich bin die einzige Amerikanerin an Bord. Die meisten anderen Passagiere auf diesem Schiff sind französische Verwaltungsbeamte für die Kolonien, mit ihren Frauen und Kindern auf dem Weg zu ihren Posten in Französisch-Westafrika. Sie scheinen dauernd zu feiern, um noch alles aus den letzten vierzehn Tagen in einer kultivierten Umgebung herauszuholen.«

»Dakar, den 18. September 1950

Lieber Walter!
Heute legten wir in Dakar an. Du kannst es auf Deiner Karte direkt am großen Höcker von Afrika finden. Ich habe gerade einen Eintrag im Tagebuch meines Vaters gefunden. Als er nach fünfzehn Tagen auf See Afrika am Horizont erblickt hatte, schrieb er: ›Lange vor der Dämmerung stand ich auf, als unser Schiff sich bereitmachte, in Dakar anzulegen. Ich konnte sehen, wie das Land in der Dunkelheit schimmerte. Dann die schwarze Linie, wo die Erde das Meer berührt. Im nächsten Moment war es grau – nicht allmählich, sondern ganz plötzlich. Ich dachte, nichts hält das Licht auf, sobald die Dämmerung beginnt – als hätte man einen Vorhang hochgehoben ...‹

Jetzt ist es dreißig Jahre später. Mein erster Eindruck – die schönen Hände der afrikanischen Träger, die an Bord gekommen sind, um beim Entladen des Gepäcks zu helfen.

Walter, manchmal ist mein Leben so voller neuer Eindrücke, dass ich sie womöglich gar nicht zu schätzen weiß. Es ist so gut zu wissen, dass Du mir zuhörst. Gerade bin ich das erste Mal über afrikanische Erde gegangen. Ja, da waren sie, die Farben, die mein Vater beschrieben hat: dunkelgrüne Palmen und fast rote Erde, dazwischen die braunen Grasdächer über hellen Hauswänden. Bei den Afrikanern habe ich eine Art Resignation beobachtet – keine Klage oder Verzweiflung, sondern ein stilles Annehmen ihrer Lebenssituation.

Was uns beide angeht – ich wollte es gar nicht anders haben. Über der Zukunft schwebt eine herrliche Ungewissheit. Gott hat auf jeden Fall ungewöhnliche Methoden verwendet, um uns zusammenzuführen. Die Arbeit, die wir beide zu tun haben, wird unserer Trennung einen Sinn geben. Ich stimme Deinen Worten aus dem letzten Brief zu: ›Wir wollen beide arbeiten, als gäbe es keine Liebe, und lieben, als gäbe es keine Arbeit.‹«

»Auf See. Den 23. September 1950

Lieber Walter!
Dies ist meine letzte Nacht auf See. Morgen werden wir in Douala sein! Mein Herz ist voller gemischter Gefühle – zu denken, dass ich dem Land, in das Gott mich gerufen hat, jetzt so nah bin!

Letzte Nacht träumte ich von meinem Vater. Er wirkte völlig nahe. Du warst auch da, und wir drei redeten miteinander. Selbst nachdem ich aufgewacht war, klang seine Gegenwart noch nach, so dass ich mich schwer überreden konnte, dass es nur ein Traum war.«

»Douala, den 25. September 1950

Lieber Walter!
Gestern zog der majestätische Kamerun-Berg vorüber – er leuchtete im Schein der Nachmittagssonne. Gegen vier Uhr nachmit-

tags landeten wir im Hafen von Douala. Eine Menschenmenge wartete am Pier. Ich rechnete nicht damit, dass mich jemand abholen würde, denn unsere nächstgelegene Missionsstation liegt gut 1500 Kilometer entfernt im Landesinneren. Aber dann hörte ich jemanden meinen Namen rufen. Es war Herr Monnier, ein Französisch sprechender Schweizer, der die Missionare bei ihrer Ankunft abholt. Innerhalb weniger Minuten hatte er mein Gepäck vom Schiff geholt und brachte mich zu meinem Zimmer im alten Missionshaus.

Als er mir dort alles gezeigt hatte, verabschiedete er sich, weil er und seine Frau zum Essen eingeladen waren. Ich lächelte tapfer und war dann in einem grauen, wenig einladenden Zimmer allein. Draußen brach die afrikanische Nacht herein, und ich fühlte mich grenzenlos verlassen. Von draußen hörte ich das Geschrei der Nachtwächter auf den Straßen. Ich kämpfte gegen meine Angst an und ging auf der alten Holzveranda auf und ab. Dabei lauschte ich auf die vielen fremden, neuen Geräusche.

Aber dann erkannte ich plötzlich, dass ich ja gar nicht allein war. Ich konnte Gottes Gegenwart hautnah spüren, und eine schwere Last fiel mir vom Herzen.

Was für eine Freude, Deinen ersten Brief von Herrn Monniers Büro zu bekommen! Du hast geschrieben:

»Ludwigshafen, den 8. Oktober 1950

Liebe Dschungelkönigin!
Es war ein großes Abenteuer, mit Dir zusammen zu sein, liebe Ingrid, aber es ist ein noch größeres Abenteuer des Gehorsams, Dich loszulassen und mit Dir durch diese harte Schule zu gehen, wo wir lernen zu glauben, ohne zu sehen.

Der Glaube ist ein Wagnis mit Gott. Das Leben ist ein Wagnis mit Gott. Eines Tages wird alles einen Sinn haben. Nichts wird vergeblich sein. Er wird unsere Dunkelheit hell machen, wenn die Zeit dafür gekommen ist. Unsere Trennung wird ein großes Wiederfinden werden und es wird schöner sein als je zuvor. Wir durchleben eine Zeit der sicheren Unsicherheit, eine Art Blindflug in eine festgelegte Richtung.

Dein deutscher Prinz.«

Nichts im Leben muss gefürchtet werden.
Es gilt nur, es zu verstehen. *Marie Curie*

Walters Worte trösteten mich wieder und wieder. Zum ersten Mal wurde mir bewusst, dass er die einzigartige Gabe besaß, die einfachsten, tiefsten Wahrheiten in klarer, deutlicher und zugleich schöner Sprache auszudrücken. Seine tröstende Liebe schenkte mir Geborgenheit.

»Douala, den 15. Oktober 1950

Lieber Walter-Prinz!
Nass und grau ist diese Stadt. Seitdem ich hier bin, regnet es unaufhörlich. Douala ist die zweit-regenreichste Stadt der Welt, und jetzt ist gerade der Höhepunkt der Regenzeit. Ein tropischer Regenguss ist kein sanftes Plätschern, sondern eine unaufhörlich prasselnde Flut. Wenn es aufhört zu regnen, dampft es überall. Man kommt sich vor wie in einem Treibhaus. Die Laken auf meinem Bett sind immer klamm. Schimmel sammelt sich an meinen Schuhen. Alles riecht irgendwie modrig und tropisch.

Meine Stimmung war gerade auf dem Tiefpunkt, als ich Nachricht von Mr. Okland erhielt, dass er mich mit dem Missionslastwagen in der Hauptstadt Yaoundé abholen will. Wegen der schweren Regenfälle, die die Straßen unpassierbar machen, kann er jedoch nicht vor Ende Oktober kommen.

Und so warte ich – auf das Schiff aus Amerika, das mein Gepäck bringen soll, und darauf, dass die Eisenbahnlinie nach einem weiteren Erdrutsch repariert wird. Herr Monnier zieht mich gern ein bisschen auf. ›Ingrid, beeile dich und mach dich fertig! Dein Zug geht nächsten Monat!‹ Ja, es stimmt schon: Ein Christ ist ein Mensch, der warten kann.

Diese Woche fing mit einer wunderbaren Verheißung an: ›Ich … will euch mehr Gutes tun als je zuvor, und ihr sollt erfahren, dass ich der Herr bin‹ (Hes. 36,11). Ich lerne durch den Nebel – oder den Regen, wie man hier sagt – zu gehen und dabei auf die Erfüllung dieser Verheißung zu hoffen.«

Der Ausgang einer Sache ist besser als ihr Anfang.
Ein Geduldiger ist besser als ein Hochmütiger. *Prediger 7,8*

»Douala, den 20. Oktober 1950

Lieber Walter!

Ich tippe eine Menge Notizen ab, die mein Vater sich machte, als er vor dreißig Jahren das Gebiet in Nordkamerun und im Tschad erkundete. Heute entdeckte ich einen Eintrag, den meine Mutter 1923 gemacht hat. Denk dir: Auf ihrer Reise von Nigeria nach Tanganjika haben sie im gleichen Haus der Basler Mission übernachtet, in dem ich jetzt wohne. Das gibt mir eine völlig neue Einstellung zu meiner Umgebung. Ich fange an, mich daheim zu fühlen.«

»Yaoundé, den 28. Oktober 1950

Lieber Walter!

Endlich bin ich unterwegs. Der Zug rollt stetig der Hauptstadt entgegen. Es geht immer höher hinauf, zum Teil durch die dichteste Vegetation, die ich je gesehen habe. Ich verstehe langsam, wofür man ein Buschmesser braucht ... Afrika ist wie eine umgedrehte Untertasse. Die niedrig gelegenen Küstengebiete bilden einen Rand, während die Hochplateaus die Mitte des Kontinents prägen.«

»Garoua-Boulai, den 6. November 1950

Lieber Walter!

Grüße von unserer ersten Station! Sämtliche Knochen und Muskeln tun mir weh, nachdem wir in einem Dodge-Pick-up über unglaublich holprige und schlammige Straßen gerumpelt sind. Manchmal musste ich wirklich zweimal hinschauen, um festzustellen, ob wir uns überhaupt noch auf etwas befanden, was man Straße nennen konnte, oder ob wir auf einen verdreckten Kuhpfad geraten waren. Aber nein, es ging immer weiter, bis uns schließlich ein kleines Schild darauf hinwies, dass wir in der Nähe einer ›Mission Protestante‹ waren. Als ich den Hügel hinaufschaute, sah ich dort zwei einfache Missionshäuser und eine Ansammlung von Hütten der Einheimischen. Eine Minute später sprangen die Missionarskinder, die hier zur Schule gehen, vor meiner Wagentür auf und ab. ›Willkommen in unserer Familie – Psalm 67‹, stand auf meiner Tischkarte, als wir uns am Abend zu einem festlichen Essen hinsetzten.

Am Sonntag sagte ich meine erste Grußbotschaft in der afrikanischen Kirche. Die kleine Kapelle mit dem Grasdach war überfüllt. Ich erzählte von meinem Vater, Ralph Hult, der vor dreißig Jahren hier gewesen war und immer zurückkehren wollte. Auch teilte ich meine Freude mit ihnen, dass ich den Auftrag meines Vaters fortführen durfte und dass es mir vorkam, als wäre ich schon oft hier gewesen.«

Ich ahnte nicht, dass meine Tochter Ruth hier ein Jahrzehnt später zur Welt kommen sollte. Und dass sie als Medizinstudentin wieder zurückkehren würde, um einen Sommer lang ein Praktikum zu machen.

»Poli, den 16. November 1950

Lieber Walter!

Wieder zwei anstrengende Reisetage. – Vorbei ist es mit der tropischen Schönheit der Küste. Es ist nun schon über zwei Monate her, seit ich Marseille verlassen habe! Wir haben gerade eine großartige Gebirgskette überquert. Dann den Fluss Benué, einen Nebenfluss des Niger. Weil es Trockenzeit ist, wird eine schwere, gewebte Strohmatte wie ein Teppich quer über das trockene Flussbett gelegt. Wir fuhren feierlich darauf und fühlten uns wie die Könige. Die Afrikaner, die um die Station Poli herum leben, tanzten vor Freude, als wir ankamen. Mir war auch sehr nach Tanzen zumute. Was für eine Reise!

Der Erste, der mich begrüßte, war Samuel, ein Sara. Du erinnerst Dich, gerade der Stamm der Sara hatte meinem Vater so sehr am Herzen gelegen! Er sagte immerzu ›Sanu! Sanu!‹, was in Fulani zugleich Gruß und Dank bedeutet. Harriet Stovner, die mit mir zusammen in Paris studiert hat, kam angerannt. Es war so gut, ein vertrautes Gesicht zu sehen. Wir werden hier zusammen arbeiten.

Wir lernen allmählich, einen Haushalt auf afrikanische Art zu führen. Das Wasser muss vom Fluss heraufgebracht, abgekocht und gefiltert werden, ehe wir es trinken können. Wir feuern mit Holz, aber unser Helfer muss es einige Kilometer entfernt im Wald hauen und dann auf dem Kopf heimtragen. Kerosinlampen müssen gereinigt und gefüllt, Moskitonetze gespannt werden. Und es gibt noch Dutzende weiterer Aufgaben, die man zu Hause nicht hat.«

»Poli, den 6. März 1951

Lieber Walter!

Ein Autor hat Afrika einmal als den Kontinent der Abenteuer Gottes bezeichnet, der auf die Abenteurer Gottes wartet. Poli liegt wunderschön im Hochland, aber es ist ziemlich heiß hier. Es ist mitten in einem großen, unabhängigen moslemischen Gebiet und nicht unter der Herrschaft einer Kolonialmacht. Die Nöte, die ich um mich herum sehe, sind endlos. Die Menschen sind durch Aberglaube, Angst und Armut versklavt. Ihnen fehlen Medikamente und medizinische Versorgung, selbst für die alltäglichsten Verletzungen.«

Meine Aufgaben, Abenteuer und Erfahrungen könnten ein ganzes Buch füllen. Die Briefe gingen weiter zwischen Deutschland und Kamerun hin und her. Etwa am Ende meines ersten Jahres in Afrika wurde ich sehr krank. Wir hatten keinen Arzt, darum wurde ich in unsere »Missionsambulanz« geladen, einen kastanienbraunen Chevy-Transporter. Beryl Sand, eine Kollegin, kam als meine Krankenschwester mit. Als ich auf der Kapokmatratze lag und im Wagen immer wieder bewusstlos wurde, sagte ich mir ständig vor: »Ich darf jetzt noch nicht sterben«, genau wie Walter es getan hatte, als er in der Kälte des russischen Winters zu erfrieren drohte. Wir erreichten schließlich Ngaoundéré. Der norwegische Arzt dort diagnostizierte eine schwere Hepatitis. Es dauerte Wochen, bis ich meine Kraft zurückbekam und mich besser fühlte.

Im September zog ich dann von Poli 560 Kilometer südlicher nach Garoua-Boulai, um die Kinder unserer Missionare zu unterrichten. Das Klima war dort gesünder, und der Ort lag zentraler. Ich hatte dreizehn wissbegierige Kinder zu unterrichten, von Zweitklässlern bis zu Sechstklässlern, den Stoff der Volksschule und des Gymnasiums. Täglich gab ich über dreißig Unterrichtseinheiten, die von der Calvert-Schule in Maryland sorgfältig ausgearbeitet worden waren. Der Unterricht begann um 8 Uhr morgens und endete um 5 Uhr am Nachmittag.

Walter und ich suchten weiter nach Gottes Führung für unsere Zukunft. Ich fragte ihn in einem Brief: »Würdest Du nach Afrika kommen, wenn ich nicht hier wäre?«

»Was für eine dumme Frage!«, antwortete er. »Das ist eine Frage, die nicht einmal Gott stellt. Weißt Du denn nicht, dass Du ein wichtiger Teil meiner Führung bist und dazu beiträgst, mir die richtige Richtung zu zeigen? Als ich neulich mit Pfarrer Fuchs darüber sprach, sah er mich mit seinen durchdringenden blauen Augen an und sagte: ›Walter, die Frage ist nicht: Warum sollte ich gehen? Sondern: Warum sollte ich nicht gehen?‹ Vor allem jetzt, wo ich durch den Eisernen Vorhang nicht in meine alte Heimat und in meinen Dienst in Ostdeutschland zurückkehren kann, wüsste ich keinen einzigen guten Grund, warum ich nicht nach Afrika gehen sollte.«

Walter schalt mich: »Vielleicht hast Du einen ›Berufungskrampf‹. Du willst Gott vorschreiben, wie seine Berufung aussehen soll.«

Und dann, nachdem wir ein gutes Jahr voneinander getrennt waren, öffnete er mir sein Herz:

»Meine Liebste!

Bei einer jungen Frau schläft die Macht der Sexualität, bis sie durch Worte und Gesten geweckt wird. Die Dornenhecke im Märchen von Dornröschen ist ein Bild für diesen Schutz. Es wäre unverantwortlich von mir gewesen, dieses Feuer in Deinem Herzen zu entzünden, bevor ich dazu bereit war, mein ganzes Leben mit Dir zu teilen. Darum habe ich es bisher vermieden, Dir leidenschaftliche Liebesbriefe zu schreiben. Aus Liebe zu Dir habe ich mich zurückgehalten. Aber jetzt ist es anders, und ich kann Dir sagen, dass die Stunde gekommen ist …

Willst du meine Frau werden? … Ich weiß auch, dass ich Dich jeden Tag neu gewinnen muss. Vergib mir meine unbeholfene, ungeschickte Art.

In tiefer Liebe Dein Walter«

Ich schrieb ihm im gleichen Monat, im September 1951, von Garoua-Boulai zurück:

»Mein liebster Walter!

Wenn ich sage: ›Ja, ich möchte Dich heiraten‹, bedeutet das dann, dass wir in Gottes Augen verlobt sind? Wenn das so ist, können wir uns die geheimsten Dinge unseres Herzens anvertrauen. Hast Du keine Angst vor dem Wagnis, das Du eingehst? Ich schon.

Bei der Geschichte von Dornröschen frage ich mich, was der Prinz tat, nachdem er sie aufgeweckt hatte. Meinst Du nicht auch, dass er ganz vorsichtig war, damit sie sich nicht fürchtete? Dann erzählte er ihr von seiner Liebe. Bestimmt war er freundlich und rücksichtsvoll und gewann ihr Herz. Dann konnte die kleine Knospe ihrer Liebe voll aufblühen.

Wenn ich mir vorstelle, mit Dir in Gottes Reich zu arbeiten, dann erfüllt mich große Freude. Weil ich auch glaube, dass die Liebe ein Wagnis mit Gott ist, traue ich mich, Deine Frage zu beantworten mit einem frohen: ›Ja, ich will Deine Frau werden.‹

Deine Dschungelkönigin«

Wir verabredeten, dass wir uns am 14. Oktober 1951 aus der Ferne verloben würden – Walter in Europa und ich in Afrika. Vor dreißig Jahren hatten sich Walters Eltern an diesem Tag verlobt. Außerdem war es der dreiundsechzigste Geburtstag seines Vaters. Wir wollten unsere Verlobung jedoch erst an Weihnachten bekannt geben.

Am Abend unseres besonderen Tages ging ich allein im Licht des Vollmonds in einem afrikanischen Orangenhain spazieren. Die Bäume standen in voller Blüte, und der köstliche Duft der schönen weißen Blüten erfüllte meine Seele mit Sehnsucht. Ich versuchte mich daran zu erinnern, wie es sich angefühlt hatte, als wir in Österreich zusammen auf dem Baumstumpf gesessen hatten und er sanft seinen Arm um mich gelegt hatte.

Walters Briefe umwarben mich mit romantischer Liebe, und gleichzeitig sprachen sie davon, dass seine Bindung an mich und seine Liebe zu mir immer tiefer wurden. Am 30. Dezember 1951 schrieb er mir aus Ludwigshafen:

»Liebes!
Ich warte wie ein Baum, der seine Äste zum Himmel streckt. Alles ist erstarrt, alles schläft und alles wartet darauf, durch die Wärme Deiner Gegenwart erweckt zu werden. Es ist, als ob man ein Heiligtum beträte. Dieses tiefe Geheimnis erfüllt mich: Hier ist eine Person, die sich mir mit Leib und Seele schenken will – ganz und gar …

Tausendmal habe ich versucht, mir vorzustellen, wie es sein wird, wenn wir uns wieder sehen. Wie oft habe ich Gespräche mit Dir geführt, mir Antworten ausgedacht, die Du mir geben würdest, und ich weiß doch, dass Deine Antworten noch viel schöner sein werden.

Ich rufe immer lauter über die weiten Ozeane und Kontinente zu Dir: ›Komm zu mir.‹ …«

Wir legten dann das Datum und den Ort unserer Hochzeit fest: den 2. Juni 1952 in Mannheim. Ich verbrachte glückliche Stunden damit, mein Hochzeitskleid zu entwerfen und an der kleinen Singer-Nähmaschine zu nähen. Mit der rechten Hand kurbelte ich, mit der linken schob ich den Stoff unter die Nadel. Jedem Stich gab ich Träume und Gebete für die Zukunft mit. Ich beendete das Schuljahr, und nach einem glücklichen Abschied von den Schülern und den Kolleginnen machte ich mich auf den Weg zum größten Abenteuer meines Lebens – die Frau von Walter Trobisch zu werden.

7. Brücken bauen

Ihr werdet mit Freuden Wasser schöpfen
aus den Heilsbrunnen. *Jesaja 12,3*

Als ich den anderen Missionaren an Weihnachten meine Verlobung bekannt gab, waren sie einstimmig der Ansicht, ich sollte nach dem Ende des Schuljahrs Urlaub bekommen.

Am 11. Mai 1952 flog ich mit der Air France von Fort-Lamy im Tschad nach Paris. Nach zwei Jahren in den Tropen war es ein regelrechter Kulturschock für mich, in dem eleganten, klimatisierten Flugzeug zu sitzen. Während wir im Mondlicht über die Sahara flogen, versuchte ich meine Gefühle zu sortieren. Ich war nicht in Hochstimmung und fühlte keine überwältigende Freude, sondern einen tiefen Ernst. Ich hatte eine bewusste Entscheidung getroffen – eine Entscheidung, die sich auf mein ganzes Leben auswirken sollte. Jetzt gab es kein Zurück mehr.

Die Vorstellung, eine Brücke zwischen drei Kontinenten zu bauen, sprach mich sehr an. Sie half mir auch in meiner Angst vor der neuen Welt und dem vielen Unbekannten, in das ich hineinheiraten würde. Klar war mir nur, dass ich in der richtigen Richtung unterwegs war.

Theodor Bovet, unser Seelsorger und vertrauter Freund, hatte uns aus seiner Heimat in der Schweiz geschrieben: »Erst wählt man den einen, den man liebt, und dann liebt man den, den man gewählt hat.« Der erste Schritt, die bewusste Wahl, war wohl der einfachere Teil gewesen. Aber wie würde es mir gelingen, denjenigen, den ich kaum kannte, mein ganzes Leben lang zu lieben?

Ich hatte plötzlich Angst vor meiner eigenen Courage. Der Mann, den ich in ein paar Tagen heiraten würde, sprach eine andere Sprache und hatte eine andere Herkunft. Er hatte im Zweiten Weltkrieg auf der einen Seite gekämpft und meine beiden älteren Brüder auf der anderen: Paul war bei der Marineluftwaffe im Pazifik und John als Arzt bei den US-Streitkräften in Deutschland. Wie sollte das alles zusammenpassen?

In Paris gaben mir Freunde einen Brief, den Walter ihnen geschickt hatte. »Nicht öffnen, bevor der Zug fährt«, hatte er in seiner kühnen, gleichmäßigen Handschrift auf den zugeklebten blauen Umschlag geschrieben.

Es war ein herrlicher Morgen im Mai. Das Zweite-Klasse-Abteil war leer und die eindrücklichen Bilder vor meinem Zugfenster begleiten mich bis heute. Der Anblick von zerbombten Gebäuden und zerstörten Brücken, den Wunden des Krieges, wurde durch die strahlende Schönheit des Frühlings gemildert, während der Zug sich stetig der französisch-deutschen Grenze näherte. Ich schloss die Augen und bat Gott im Stillen, mich ganz ruhig zu machen, bevor ich den Umschlag vorsichtig öffnete und Walters Brief las:

»Liebe Ingrid!

Dies ist eine der größten Stunden Deines Lebens. In wenigen Stunden wirst du einem Menschen begegnen, wie du noch nie einem Menschen begegnet bist. Es wird eine Begegnung voll letztem Ernste sein. Du wirst dem Menschen begegnen, mit dem Du Dein Leben teilen willst. Was er ist und wie er ist – alles wird entscheidend sein für Dein eigenes Leben. Das ist das Einzigartige an dieser Begegnung.

Der Mensch, dem Du begegnest, ist ein Mensch – kein Gott. Er hat viele Fehler und Schwächen und liegt im ständigen Kampfe mit sich selber. Er möchte darum nicht vergöttert sein. Er möchte nur so sein dürfen, wie er ist, und so, wie er ist, geliebt werden.

Der Mensch, dem Du begegnest, ist ein Mann. Damit soll gesagt sein: Er wird seine innersten Gefühle zunächst verbergen, weil er glaubt, dass es unmännlich sei, sie preiszugeben. Während sein Herz überwältigt ist von der Größe des Augenblicks, wird er so tun, als geschehe Alltägliches. Er wird wahrscheinlich in den ersten Minuten in die Besprechung der nächstliegenden praktischen Dinge fliehen und froh sein, dass sie da sind. Jede innere Bewegung wird er zu verbergen suchen und stolz darauf sein, wenn es ihm gelingt. So töricht ist eben ein Mann. Darum darf Dich das alles nicht irremachen. Wie er wirklich ist, musst Du erfühlen.

Aber er will nicht immer so sein. Er will nur schnell über die ersten Minuten der Verlegenheit hinwegkommen und Dich in eine Einsamkeit führen, in der er Dich allein hat und in der er sich Dir offenbaren kann.

Er hat sich noch nie einem Menschen so geöffnet, wie er sich Dir öffnen will. Er zittert deshalb auch vor der Begegnung mit Dir. Denn er weiß, dass Du der Mensch sein sollst, von dem er sich durchschauen lassen will wie von Gott. In dem Zittern aber ist eine heilige Freude, dass so ein Mensch da ist.

Er liebt Dich. Er ist fest entschlossen, zu Dir Ja zu sagen, wie Du bist. Dieses Ja fällt ihm leicht, denn er weiß, dass er es zu keinem anderen Menschen sagen könnte.

Er liebt Dich. Er ist bereit, sich selbst für Dich aufzugeben, und rechnet damit, dass er aus dieser Begegnung mit Dir anders hervorgeht, als er hineingegangen ist. Von keinem anderen will er sich ändern lassen, aber von Dir erwartet er es. Er schämt sich vor Dir nicht.

Er liebt Dich. Er möchte Dich beschenken dürfen mit allem, was er hat. Gott hat ihm manches gegeben. Es freut ihn nur, wenn er es Dir auch geben darf. Für sich allein möchte er nichts mehr haben. Mit seinem Wirken, seinem Einsatz, seiner Arbeit möchte er Dein Herz erobern.

Der Zug wird nun nicht mehr oft halten, bis er vor Dir steht. Du musst ganz ruhig sein. Denn die großen Gottesstunden unseres Lebens wirken sich dann am mächtigsten aus, wenn wir ihnen stillehalten.

Dein Walter.«

Er wartete am Bahnsteig mit roten Rosen in der Hand. Als er mich in die Arme nahm, wusste ich, dass ich eine neue Heimat gefunden hatte. Wir hatten knapp zwei Wochen Zeit, um unsere Hochzeit vorzubereiten.

Es hatte Monate gedauert, um die nötigen Papiere für die standesamtliche Trauung zusammenzubekommen. Walter schrieb in unser neues gemeinsames Tagebuch, ein kleines Ringbuch:

»Wieder einmal bin ich auf dem Standesamt. Viel Zeit, viele Papiere und viel Geld waren dafür nötig. Jedes offizielle Dokument, das Ingrid mir aus Afrika geschickt hat, musste zwei Mal übersetzt werden, denn sie befand sich auf französischsprachigem Gebiet und die Papiere waren auf Englisch.

Und die Fragen, die mir gestellt wurden:

›Wo wurde Ihre Verlobte geboren?‹ – ›In Tanganjika.‹

›Ist das in den Vereinigten Staaten?‹ – ›Nein, das liegt in Ostafrika.‹

›Ist sie Afrikanerin?‹ – ›Nein, sie ist Amerikanerin.‹

›Welcher Abstammung?‹ – ›Schwedisch.‹

›Wo lebt ihre Mutter?‹ – ›In Bolivien, in Südamerika.‹

›Wie heißt sie?‹ – ›Gertrude L. Hult.‹

›Was heißt L.?‹ – ›Das weiß ich nicht.‹

›Dann können Sie das Aufgebot nicht bestellen, wenn Sie es nicht herausfinden. In Deutschland sind Abkürzungen nicht erlaubt.‹«

2. Juni 1952. Da stand ich nun und war trotz aller Hürden standesamtlich verheiratet. Ich umarmte meine Mutter vor der schönen Christuskirche in Mannheim, eine der wenigen Kirchen in dieser Stadt, die nicht durch Bomben beschädigt war. Mutter hatte ihren Dienst in Bolivien beendet, und Freunde und die Familie hatten ihr geholfen, zu unserer Hochzeit zu kommen. Ich hatte meine Mutter seit sieben Jahren nicht mehr gesehen!

Mit dem deutschen Händegeben ist nicht zu spaßen – das merkte ich, als Walter und ich im offenen Kirchenportal standen und die Glückwünsche unserer rund vierhundert Gäste entgegennahmen. Walter hatte einige Menschen aus seiner früheren Gemeinde in Ludwigshafen eingeladen, und sie waren alle gekommen. Zumindest dachte ich das, als der Strom der Gratulanten kein Ende nahm.

»Walter, jetzt kennen sie mich alle«, sagte ich etwas hilflos zu meinem gut aussehenden Bräutigam, »aber ich habe das Gefühl, dass ich keinen einzigen deiner Freunde kenne.«

Ich kam mir recht einsam vor, weil niemand von meinen Geschwistern hatte kommen können.

Ein weiterer mehr als fester Händedruck, begleitet von einem strahlenden Gesicht, veranlasste mich zu einer heimlichen Grimasse, während ich die Glückwünsche höflich ertrug. Nach deutscher Tradition hatten wir uns entschieden, unsere neuen Eheringe an der rechten Hand zu tragen, anstatt links, wie es in den USA üblich ist.

Walter stellte mir die nächste junge Frau in der Reihe als Anneliese Willin vor, die zu seiner Jugendgruppe gehörte. In ihrer Aufregung hörte Anneliese einfach nicht auf, meine Hand zu schütteln. Ich war mir sicher, dass sich inzwischen Blasen um meinen kostbaren neuen Ehering gebildet hatten, und ich fragte mich, ob es Walter auch so erging.

Wir hatten uns für einfache goldene Ringe entschieden. Auf der Innenseite waren unser Hochzeitsdatum, der 2. Juni 1952, und der Vers aus Jesaja eingraviert, den wir als unser Lebensmotto gewählt hatten (so wie meine Eltern es mit Psalm 67,2-3 als ihrem Lebensgebet gemacht hatten): »Ihr werdet mit Freuden Wasser schöpfen aus den Heilsbrunnen« (Jesaja 12,3).

Als es in der Schlange der Gratulanten eine kurze Verzögerung gab, streckte ich Walter schweigend meine Handfläche hin. Er lachte, öffnete seine Hand und zeigte mir seine eigenen Marterspuren. (Am nächsten Tag wechselten wir die Ringe an die linke Hand!)

»Mit Freude schöpfen wir Wasser und Blasen aus den Heilsbrunnen, liebe Ingrid. Das nächste Mal schöpfen wir vielleicht kaffeebraunes Wasser aus einem Fluss in Afrika, aber was wir auch schöpfen – lass' es uns immer mit Freude und zusammen tun!« Mein Schmerz verwandelte sich geradezu in Seligkeit. Dies war der Tag, auf den wir beide nach zwei Jahren der Trennung so sehnsüchtig gewartet hatten.

Eine Junibrise erfasste meinen Brautschleier und wehte ihn über Walters Gesicht. Er bemerkte es kaum, weil er dem Nächs-

Standesamtliche Trauung 1952. Neben Ingrid ihre Mutter Gertrude, neben Walter seine Mutter Gertrud

ten in der Reihe, einem älteren Mann, so konzentriert zuhörte. Dieser Mann schüttete Walter offenbar sein Herz aus – und das an unserem Hochzeitstag auf den Stufen der Kirche! Plötzlich kam ich mir wie eine Außenseiterin und bloße Beobachterin vor. Es gab mir einen Stich: Dies würde wahrscheinlich nicht das einzige Mal bleiben, dass ich die Aufmerksamkeit meines Anteil nehmenden und liebevollen Mannes mit jemand teilen musste, der ihn im Moment noch mehr brauchte als ich. Im Lauf unserer vielen Ehejahre machte es mir oft sehr zu schaffen, wenn Menschen unverhofft Walters Zeit beanspruchten.

Die Deutschen verstehen zu feiern! Das Fest, das am Nachmittag begann, vertrieb meine düsteren Gedanken schnell. Dieser Freudentag war ein wunderbares Geschenk. Jeder der Anwesenden hatte unter den Schrecken des Krieges gelitten, und durch diese Erfahrung hatten sie gelernt, die Gelegenheit beim Schopfe zu packen und Feste so zu feiern, wie sie fielen. Mit Gedichten, Liedern und Festreden machten sie uns den Tag unvergesslich.

Pfarrer Fuchs verstand es glänzend, durchs Programm zu

führen, während Walters Freunde und seine Eltern wunderbare Tischreden vorbereitet hatten und von wichtigen Stationen in Walters und meinem Leben erzählten. Seinen Eltern war es erst ein paar Tage zuvor gelungen, über die deutsch-deutsche Grenze zu kommen. Seine Mutter hatte ein Tischlied auf Deutsch, Französisch und Englisch geschrieben, das die ganze Geschichte der Hult-Trobisch-Liebe erzählte. Und sie forderte alle Gäste auf, in den Refrain einzustimmen. Die fröhliche Stimmung im festlich geschmückten Saal war ansteckend. Das Programm dauerte mehr als drei Stunden. Walters Vater hielt eine bewegende Ansprache. Von den ostdeutschen Behörden einen Pass zu bekommen, um an der Hochzeit ihres Sohnes teilnehmen zu können, war für die beiden schwieriger gewesen als für mich die Reise von einem anderen Kontinent hierher.

An diesem Tag feierten wir die Brücke, die Gott geplant, gebaut und zusammengefügt hatte. Wir kamen aus zwei Nationen, zwei Familien und zwei Geschlechtern. Walter war in Leipzig aufgewachsen, ich dagegen im Mittelwesten der Vereinigten Staaten. Ich war sechsundzwanzig Jahre alt, er achtundzwanzig. Wir hatten beide ein stabiles Zuhause – Eltern, die gut für uns gesorgt hatten, Geschwister, viele gleichaltrige Freunde; aber das Allerwichtigste war, dass wir unseren Glauben teilten. Uns war bewusst, dass dies eine wesentliche Grundlage war, um die Schwierigkeiten zu bewältigen, die in unserer internationalen Ehe zwangsläufig auftreten würden.

Bei unserem ersten gemeinsamen Frühstück nach der Hochzeit lasen wir die Bibelverse für den 3. Juni 1952 in den »Losungen«. Von da an begannen wir jeden Tag auf diese Weise. Wir feierten das Geschenk des neuen Tages, indem wir zusammen auf die Bibel hörten. Dies wurde zu einer festen Gewohnheit für uns, bei der wir unser Herz auf Gott und die Bedürfnisse des anderen ausrichten konnten. Mit einem Notizbuch in der Hand schrieb jeder für sich die Antworten zu den folgenden Fragen auf. Walter hatte diese Übung von Martin Luther gelernt:

Wofür bin ich dankbar?
Was tut mir Leid?
Worum sollte ich bitten?
Was soll ich heute tun?

Bei unseren Antworten ließen wir uns von den Bibelversen leiten. Dann tauschten wir aus, was uns klar geworden war. Indem wir diese Übung schriftlich machten, wurde unser Gespräch mit Gott und untereinander greifbar, sichtbar und konkret. Wir hielten unsere Ziele schriftlich fest. Bei Dingen, die wir erkannt hatten und wo wir etwas verändern wollten, konnte der eine beim anderen nachhaken, was daraus geworden war.

Die schwächste Tinte ist stärker als das beste Gedächtnis.
Chinesisches Sprichwort

Ich werde niemals vergessen, wie wir das erste Mal einen Dialog wie den folgenden führten:

»Ingrid, ich glaube, du hast dir zu viele Dinge bei der vierten Frage vorgenommen und aufgeschrieben«, sagte mir Walter geradeheraus. »Vielleicht solltest du dich hinsetzen und noch einmal Stille Zeit halten, um dann alles von der Liste streichen zu können, was Gott heute *nicht* von dir will.«

Als er das das erste Mal zu mir sagte, war ich wütend. Warum sollte er darüber entscheiden, ob meine Liste zu lang war oder nicht? »Ich habe es eilig, Walter. Am besten machen wir jetzt einfach weiter. Ich verspreche dir, dass ich morgen eine kürzere Liste schreibe.«

»Liebes, das ist ja genau das Problem«, sagte er mit einem ungeduldigen Unterton. »Gott gibt uns jeden Tag 24 Stunden, und in seiner Weisheit hat er sicher genügend Zeit zur Verfügung gestellt, damit wir das bewältigen können, was er von uns möchte. Du setzt dich und mich, deinen lieben Mann, unter Druck, wenn du dir mehr Pflichten aufgelädst, als du in dieser Zeit schaffen kannst. Und wenn wir schon dabei sind – hast du auch daran gedacht, deine eigenen Bedürfnisse irgendwo auf die Liste zu setzen? Ich habe kein Interesse an einer Frau, die ein Engel, aber völlig erschöpft ist.«

Mehr musste er mir nicht erklären. Ich spürte die tiefe Liebe, die hinter seinen Worten steckte. Es war erstaunlich einfach, ein paar Dinge von der Liste zu streichen. Von da an folgte ich ihm bereitwillig, sobald er mich darauf aufmerksam machte, dass ich eine »zweite Stille Zeit« brauchte. In seiner Liebe half er mir, Grenzen zu setzen und nein zu sagen, wenn es nötig war – dies gehörte für mich zu den schwersten Dingen, die ich in meinem Leben lernen musste.

Weder natürliche noch göttliche Liebe wird bleiben, wenn sie nicht gepflegt wird. Wir müssen uns die Liebe zur Gewohnheit machen, bis sie unser Leben bestimmt. *Oswald Chambers*

Am Ende unserer Stillen Zeit beteten wir immer gemeinsam. Wir brauchten eine Weile, bis wir uns wohl dabei fühlten, laut vor- und füreinander zu beten. Lächelnd versicherten wir uns gegenseitig, dass Gott Deutsch ganz bestimmt genauso gut verstand wie Englisch oder eine Mischung aus beidem, wie die Worte eben aus uns herauskamen. Und es war auch völlig in Ordnung, einfach still zu sein und zuzuhören. Beten war auf jeden Fall mehr als ein einseitiger, an Gott gerichteter Monolog.

Walter und ich machten die Erfahrung, dass es uns auch in Entscheidungen half, wenn wir aufschrieben, was wir gehört hatten. In späteren Jahren wurden wir oft von Freunden gefragt: »Wie schafft ihr es, so viele Dinge zu erledigen und trotzdem noch Zeit für andere Menschen zu haben?« Ich erzählte ihnen gern, dass ich auf Gottes Weisungen hörte, wenn ich am Morgen in der Stille war, und Walter zitierte meistens George MacDonald: »Ich arbeite unter Gottes Befehl und nicht aus eigener Kraft.« Für uns war es auch wichtig, dass Menschen Vorrang vor Tagesplänen und Programmen haben sollten.

Auf unserer Hochzeitsreise besuchten wir Freunde in Frankreich, in der Schweiz und in Deutschland. Mit dem Motorrad zu reisen war billig. Wir packten unsere bescheidene Garderobe in einen

Nach dem Standesamt

strapazierten Faltkoffer aus Segeltuch und schnallten ihn am Gepäckträger hinter meinem Sitz fest. Dann machten wir uns mit einer Thermoskanne Kaffee und Proviant in den Satteltaschen auf den Weg.

Wir hatten wenig Geld, aber viel Zeit. Nachdem Walter seine Stelle als Jugendpastor gekündigt hatte und ich vom Missionsfeld in Kamerun beurlaubt war, hatten wir beide keine bezahlte Arbeit. Für die Mission in Kamerun war jetzt eine andere Missionsgesellschaft zuständig. Wir hatten unsere offizielle Bewerbung dorthin geschickt. Wir wohnten in Deutschland und die Leitung der Mission war in Amerika. Würden sie bereit sein, Walter einzustellen, ohne ein Vorstellungsgespräch? Und selbst wenn sie es täten – würde Walter als Deutscher ein Visum ausgerechnet für das französische Kamerun bekommen? Seit dem Ersten Weltkrieg hatte kein Deutscher mehr die Genehmigung erhalten, dort zu leben.

In der Zwischenzeit folgten wir verschiedenen Einladungen, gemeinsam über die ungewöhnliche Führung Gottes in unserem Leben zu sprechen. Das Geld reichte gerade noch, um nach Paris zu fahren und die erste Monatsmiete zu bestreiten. Die Zeit in Frankreich war besonders für Walter unbedingt notwendig, damit er seine sehr spärlichen Französischkenntnisse erweiterte. Es war kein leichter Wartemonat in der dunklen und teuren Einzimmerwohnung, zumal nun das Eingewöhnen in den gemeinsamen Alltag noch hinzukam.

Einmal arbeitete Walter an einer Auslegung von Galater 6 und blieb in Gedanken besonders an dem Wort hängen: »Teile allerlei Gutes.« Vor ihm lag ein Apfel. Es war kein gewöhnlicher Apfel, sondern eine übergroße, rotbackige, saftige Frucht, die uns ein lieber Freund geschenkt hatte. Walter schnitt ihn gedankenverloren sorgfältig in vier Teile. Ich bat um eine Kostprobe. Aber ich bekam keine Antwort. Das Thema des Teilens beschäftigte ihn so, dass er alles um sich her vergaß. Stück für Stück sah ich den Apfel verschwinden.

Schließlich konnte ich meine Tränen nicht mehr zurückhalten: »Wie konntest du nur so gedankenlos sein und den ganzen Apfel allein essen, während du die ganze Zeit vom Teilen gesprochen hast?« Ich war überrascht, wie schmerzlich seine Gedankenlosigkeit mich berührte.

Erstaunt blickte Walter auf den Teller, auf dem nur noch das Gehäuse und der Stiel lagen. Mit Schrecken merkte er, was geschehen war. »Vergib mir, Ingrid«, bat er. »Ich habe gar nicht an den Apfel gedacht. Ich habe ihn nicht bewusst gegessen. Um ehrlich zu sein, ich glaube, ich habe nicht einmal etwas davon geschmeckt. Bitte verzeih mir. Ich war geistesabwesend und egoistisch.« Er griff nach meiner Hand und versuchte mich zu trösten.

Danach gab er sich große Mühe, aufmerksamer zu sein, aber auch ich als junge Ehefrau lernte zwei wertvolle Lektionen. Mein frisch gebackener Ehemann war voll und ganz bei der Sache, wenn es darum ging, die Botschaft Christi weiterzugeben. In anderer Hinsicht konnte er aber ziemlich geistesabwesend sein, ganz zu schweigen von Situationen, wo es um so »nebensächliche« Dinge wie einen Apfel ging, egal, wie schön oder wunderbar er auch sein mochte. Ich musste lernen, ihn so zu lieben und anzunehmen, wie er war, auch mit dieser Art von Unaufmerksamkeit, die zu ihm gehörte.

Das Zweite, was ich lernte und was ich seither an viele junge

Ehefrauen weitergegeben habe, ist, dass nur ein Baby das Recht hat, ohne Worte verstanden zu werden, nicht aber eine erwachsene Frau. Warum musste ich still zusehen, wie er diesen Apfel verzehrte, und ihm dann laut vorwerfen, er habe meine Gefühle missachtet? Viele Menschen denken irrtümlicherweise, wenn der Ehepartner sie wirklich liebte, müsste er intuitiv wissen, wie und was sie fühlen. Wie soll er das aber können, wenn seine Frau es ihm nicht sagt?

Kommunikation ist harte Arbeit. Es ist, als ob man eine Brücke zwischen zwei Menschen baut, Stein für Stein. Das dauert viele Jahre.

Als unsere Ehe erst ein paar Monate alt war, mussten wir eine Entscheidung treffen, die sich auf unser ganzes Leben auswirken würde. Zwei Briefe erreichten uns am gleichen Tag in unserer gemütlichen Ein-Zimmer-Wohnung in Paris. Der eine bot uns die Leitung eines geplanten Erholungsheims in der Pfalz an. Der andere Brief stammte von der amerikanischen Lutherischen Kirche und war ein Ruf für Walter als Pfarrer auf unser Missionsfeld in Kamerun.

Wir setzten uns zusammen hin und beteten um Gottes Führung. Wir besprachen beide Aufgaben. Jede von ihnen konnte Gottes Wille für unser Leben sein. Dann nahmen wir unsere Notizbücher zur Hand und versuchten genau hinzuhören, was Gott uns sagen wollte. Unabhängig voneinander schrieben wir jedes Für und Wider auf. Dann lasen wir uns gegenseitig vor, was wir notiert hatten. Uns war beiden klar geworden, dass Gott uns nach Afrika schickte.

Beten ist ein Herzensgespräch mit Gott in der Gewissheit, dass er uns liebt. — *Teresa von Avila*

Unsere Missionsleitung bat uns, in Paris weiter einige Monate Theologie und Missionskunde zu studieren.

An einem Sonntagmorgen im Mai 1953, nachdem wir zehn Gepäckstücke gepackt und als Fracht für unser Schiff aufgegeben hatten, setzten wir uns zielbewusst auf die bewährte Horex, fuhren dreimal um den *Arc de Triomphe* und machten uns auf den Weg nach Bordeaux. Vier Tage später bestiegen wir die »SS General LeClerq« nach Afrika. Unsere Zeit auf diesem französischen Schiff war wie die Hochzeitsreise, die wir nie gemacht hatten. Nach zwei Wochen kamen wir in Douala in Kamerun an. Genau an unserem ersten Hochzeitstag!

Wir wohnten im gleichen grauen Gästehaus aus Holz, in dem ich vor drei Jahren ein paar Wochen verbracht hatte. Ich erinnerte mich, wie einsam und ängstlich ich mich in meiner ersten Nacht auf afrikanischem Boden gefühlt hatte.

Walter lehnte neben mir an der hölzernen Brüstung jener Veranda, auf der ich hin und her gegangen war. Wir sahen in die untergehende Sonne, die innerhalb weniger Minuten hinter dem Horizont verschwand. Er war erstaunt darüber, und ich erklärte ihm, dass das schnelle Versinken der Sonne und die fehlende Dämmerung damit zu tun hatten, dass wir hier bereits sehr nah am Äquator waren. Die Dunkelheit hüllte uns ein.

»Wir sind dort, wo wir sein sollen, Ingrid.« Walter nahm mich in die Arme und küsste mich ganz sanft auf die Wange. »Ich liebe dich.«

Unsere Mission schickte uns nach Tcholliré ins Gebiet Rey Boubas, einem halb autonomen Königreich im Norden von Kamerun. Als der Lamido (Sultan) Rey Bouba erfuhr, dass mein Vater seinen Vater vor dreißig Jahren besucht hatte, hieß er uns durch einen Abgesandten willkommen. Wir befanden uns jetzt mitten in einem großen moslemischen Gebiet. Wie sollten wir vorgehen? Wir stellten fest, dass wir am meisten erreichen konnten, indem wir uns um die Kranken kümmerten. Am Morgen versorgten wir mit unserer dürftigen medizinischen Ausbildung dreißig bis vierzig Patienten vor der Tür unserer kleinen Klinik. Am Nachmittag gaben wir Leseunterricht und übersetzten ein-

Lamido Rey Bouba vor seinem Palast mit seinem Dolmetscher. Dieser durfte sich nur in dieser Demutshaltung, am Boden, beim Lamido aufhalten

fache biblische Geschichten in die Fulani-Sprache, die ein Teil der Menschen hier sprach. Ganz allmählich sahen wir, wie das Licht in die Dunkelheit kam, als sie anfingen, die Botschaft von der Liebe Gottes zu verstehen.

Nach drei Jahren waren die ersten sieben Christen zur Taufe bereit. Unter ihnen war auch das erste Ehepaar. Wir erkannten, dass unsere Verkündigung des Evangeliums nur dann etwas ausrichten konnte, wenn wir auch etwas zum Leben als Familie zu sagen hatten. Jahrelang hatten Missionare den Bekehrten gepredigt: »Ihr dürft die Ehe nicht brechen.« Aber niemand hatte ihnen etwas über die Grundlagen beigebracht, wie eine monogame christliche Ehe aussehen sollte: Wie lebt ein Mann in Frie-den mit einer Frau? Der Lamido hatte einen Harem von fünfzig Frauen!

In dieser Zeit unserer jungen Ehe saßen wir oft vor unserer strohgedeckten Lehmhütte, die wir unser Zuhause nannten. Wenn es dunkel wurde (wir hatten kein elektrisches Licht), sahen wir zum sternenübersäten gewaltigen Himmel Afrikas auf. Das wurde ein wunderbarer Zeitvertreib für uns.

Zwangsläufig mussten wir selbst für unsere Unterhaltung sorgen. Walters unerschütterlicher Humor brachte mich immer wieder zum Lachen. Er nummerierte sogar unsere Lieblingswitze, so dass er nur noch im besten Predigtton verkünden musste: »Nummer 9, Liebes!«, und schon brachen wir in fröhliches Gelächter aus.

Dies war eine der vielen Weisen, wie sich unser Trauspruch erfüllte. Wir schöpften wirklich mit viel Freude Wasser aus den Heilsbrunnen. Für uns gab es keine Ablenkungen, jedoch viele Enttäuschungen und Schwierigkeiten.

Als wir ankamen, bestand unser Wohnhaus nur aus vier halb fertigen Lehmwänden ohne Dach. Und wir waren von oben bis unten durchnässt. Fast wären wir nach einer abenteuerlichen und strapaziösen Reise sofort wieder umgekehrt! Kranke, die wir behandelten, starben. Als unsere entstehende kleine Gemeinde immer mehr Zulauf bekam, verschwanden immer wieder neue Gläubige auf rätselhafte Weise; wir sahen sie nie mehr.

Darum brauchten wir immer wieder einen direkten Zugang zur Quelle unseres Glaubens und unserer Kraft. Ich dankte Gott oft für Walters unglaubliche Begabung, andere (und sich selbst) zum Lachen zu bringen. Wenn er einmal nicht lachen konnte, dann musste es wirklich sehr schlecht um eine Sache bestellt sein!

Aber wir erlebten auch unglaubliche Freude und Wunder. Bald nach Beginn unserer Arbeit kamen zwei zwölfjährige Jungen zu uns, nach einem Fußmarsch von sechzig Kilometern durch die Hitze. Sie hatten in ihrem Dorf von der Errichtung einer Missionsstation gehört und sich aufgemacht! »Wir wollen zur Schule gehen und den Weg Gottes lernen«, sagten sie. Bald hatten wir ein Dutzend Jungen, die jeden Nachmittag zum Unterricht kamen.

Einmal rettete Walter durch sein entschiedenes Eingreifen die

Das erste Heim von Walter und Ingrid Trobisch in Tchollíré in Kamerun. Letzte Arbeiten am Grasdach

Hütte und den Besitz des Mallum, des islamischen Geistlichen von Tchollíré. Er war unser Hauptgegner gewesen. Um eine lange Geschichte kurz zu machen: Walter und er wurden Freunde. Der Mallum war sehr offen für das Evangelium. Er ließ nicht nur einen Sohn in unserer Schule lernen, sondern lud sogar das ganze Dorf ein, als wir zu Weihnachten mit Flanellbildern von der Geburt Jesu erzählen wollten. Es kamen über tausend Menschen, alles Moslems in ihren langen, weißen Gewändern. Wir mussten die Leinwand auf dem leeren Nachbargrundstück aufbauen. Das aber war die Moschee von Tchollíré!

Die Strafe durch den uns bis dahin wohlgesonnenen Lamido folgte auf dem Fuß: Der Mallum wurde ausgepeitscht, eine Weile gefangen gehalten und wagte es nicht mehr, uns offen zu treffen. Er war aber guter Dinge und beruhigte Walter bei einem geheimen Gespräch: Der Lamido sei weiter sein Freund. Wir konnten weiterarbeiten.

Da klopfte es nachts an unserer Tür. Als Walter vorsichtig öffnete, sah er im Schein der Taschenlampe Boten des Lamido vor sich. Sie waren schwer bepackt – mit Geschenken! Es gab nur eine Erklärung: Der Lamido wollte uns zu verstehen geben, dass er auf die Herausforderung vom Weihnachtsabend so hatte reagieren müssen, um sein Gesicht als Moslem zu wahren, dass er uns aber persönlich zugetan blieb.

Der Mallum aber hatte während seiner kurzen Gefangenschaft nach dem Weihnachtsabend durch einen jungen Christen von unserer Station zum Glauben an Jesus gefunden!

Zu Weihnachten 1954 konnten wir die ersten sieben Christen des weiten Gebiets Rey Bouba taufen. Seit Anbeginn der Arbeit in Tchollíré vor knapp zwei Jahren waren sie treu zum Gottesdienst und zum Taufunterricht gekommen, hatten mühsam lesen und schreiben gelernt und viel Spott von der einheimischen Bevölkerung ertragen. Dann geschah es ganz unmerklich, dass Gott ihnen den Mund öffnete, und sie begannen Zeugnis abzulegen.

Nach vier Jahren auf dem Pionier-Außenposten von Tchollíré traf die Jahreskonferenz unserer Mission die Entscheidung, die Kräfte auf die Evangelisierung und Ausbildung der afrikanischen Führungsschicht zu legen. Denn die Elite Afrikas war im Begriff, den Kommunismus als ihre geistige Heimat zu wählen. Das Christentum galt ihnen als Religion der Weißen, denn alle Missionare waren Weiße.

Daher wurde Walter eine Stelle als Deutschlehrer und Schulpfarrer am *Cameroon Christian College* in Libamba angeboten. Das lag etwa 1000 Kilometer südlich von Tchollíré im Urwald. Walter war einer der ganz wenigen Deutschen im Land, die Deutsch und deutsche Literatur unterrichten konnten. Während Tchollíré auf einer trockenen Hochebene lag, kamen wir jetzt mitten in den dichten Regenwald. Wir verbrachten sechs Jahre im »grünen Gefängnis«, wie unsere französischen Kollegen es nannten. Man lebte wie in einem Treibhaus mit 100 % Luftfeuchtigkeit. Über Nacht wuchs Schimmel an unseren Lederschuhen. Jedes Kissen roch muffig. Unser Haus bestand aus vorgefertigten Metallelementen für Krankenhäuser und stand auf Stelzen.

Unsere dreihundert Studenten kamen aus dreißig verschiedenen Stämmen und stellten die Elite des französischsprachigen Westafrikas dar. Viele Familien brachten große Opfer, um ihren Kindern diese Ausbildung zu ermöglichen. Der ganze Unterricht wurde auf Französisch gehalten und beruhte auf dem gleichen Lehrplan und den gleichen Lehrbüchern wie in Frankreich. Das wollten die Afrikaner so. Bildung galt wie das Christentum als Einstieg in Reichtum und Segen. Als in Libamba bald darauf die Lehrbücher afrikanisiert werden sollten, stieß dieser Vorschlag auf erbitterten Widerstand der Schüler. Sie wähnten, dass wir ihnen den Zugang zur Zivilisation verbauen wollten!

Der Lehrkörper setzte sich aus Europäern, Amerikanern und Afrikanern zusammen. Jeder Lehrer wurde von der Kirche bezahlt, die ihn oder sie ausgesandt hatte. Das College war ein gemeinsames Projekt mehrerer Missionsgesellschaften. Aufgrund unserer internationalen Ehe wurden Walter und ich immer wieder um Hilfe gebeten, wenn eine kulturelle oder zwischenmenschliche Kluft zu überwinden war.

So viele seiner Schüler und manchmal sogar seine Kollegen kamen mit ihrem persönlichen Bedürfnis nach Seelsorge auf ihn zu, dass Walter sich oft erdrückt fühlte. Immer wieder bekam er Briefe von jungen Afrikanern mit Fragen wie: »Was ist das Wichtigste – Sex, Liebe oder Heiraten? Was soll in einer Beziehung als Erstes kommen?« Sie vertrauten ihm ihre privatesten und intimsten Probleme an.

Regelmäßig saßen Walter und ich im Licht der Kerosinlampe an unserem Esstisch zusammen und überlegten stundenlang, wie man diese Themen am besten ansprechen konnte. Wie konnten wir dazu helfen, dass theoretische Vorstellungen wirklichkeitsnah und praktisch wurden?

Als er sah, wie groß die Not in diesem Bereich war, schlug Walter dem Kollegium vor, für die Oberstufe einen Kurs über die Ehe anzubieten. Die französische Ausgabe von Theodor Bovets

Ehebuch sollte als Grundlage dafür dienen. Unsere afrikanischen Schüler waren gespannt darauf, etwas über die Geheimnisse der Europäer auf diesem Gebiet zu erfahren.

Wir studierten die Bibel, um herauszufinden, was sie zu diesem Thema sagte, und versuchten mit eigenen Worten über sexuelle Fragen zu sprechen. In unserer theologischen Ausbildung hatten wir beide wenig darüber gehört.

Ein entscheidender Vers wird viermal in der Bibel wiederholt: »Darum wird ein Mann seinen Vater und seine Mutter verlassen und seinem Weibe anhangen und sie werden sein *ein* Fleisch« (1. Mose 2,24). Wir vereinfachten diese Aussage auf:

Vater und Mutter verlassen = Heirat
Anhangen = Liebe
Ein Fleisch werden = Sex

Diese drei Dinge stehen für Verbindlichkeit, Kommunikation und sexuelle Gemeinschaft. Langsam entwickelte sich der Kern unseres Eheunterrichts. Betend entdeckten Walter und ich die Botschaft der Heilung für die Ehe. Wir hofften, dass wir im Auftrag Gottes anderen von der starken Bindung erzählen konnten, die eine christliche Ehe darstellt. Wir definierten einige Schlüsselbegriffe, mit denen wir Eheprobleme leichter beschreiben konnten – Walter nannte sie das »dynamische Dreieck«:

Wenn es kein Verlassen, keine Verbindlichkeit gab, sprachen wir von einer »gestohlenen Ehe«.

Wenn es an der Liebe, an der Kommunikation fehlte, nannte Walter dies die »leere Ehe«.

Wenn es kein »Ein-Fleisch-Werden«, keine erfüllende körperliche Vereinigung gab, redeten wir von einer »hungrigen Ehe«.

Aus Walters Briefwechsel mit einem afrikanischen Jungen, der sich verliebt hatte und ihm in Briefen viele Fragen stellte, entstand das Buch »Ich liebte ein Mädchen«, das in über fünfzig Sprachen übersetzt wurde und Walter unübersehbar viel Post und Einladungen zu Vorträgen brachte.

Wir begannen, unsere eigene zehnjährige Ehe als einen Baum zu betrachten, der am Tag unserer Hochzeit gepflanzt worden war und den wir sorgfältig pflegen und gießen mussten, damit er groß und stark werden und Frucht tragen konnte.

Manchmal sagte ich nach einem langen, anstrengenden Tag zu Walter: »Unser Baum muss heute dringend wieder gegossen werden, Schatz.« Das wurde für uns zum Stichwort für einen langen Abendspaziergang, Hand in Hand und im Frieden miteinander, trotz der unheimlichen nächtlichen Geräusche des afrikanischen Dschungels.

Ja, ich hatte seit unserer kleinen Apfeltragödie eine Menge dazugelernt und konnte meine eigenen Bedürfnisse viel besser mitteilen. Wir mussten jetzt beide lachen, wenn wir an diesen fatalen Sonntagmorgen zurückdachten.

»Ich vermisse die frische, klare Alpenluft des Lichtenbergs«, sagte Walter bei einem unserer Abendspaziergänge. Wie gut konnte ich seine Sehnsucht nachvollziehen! In der feuchtschwülen Tropenluft hatte man oft das Gefühl, als atmete man unter Wasser.

Wir gingen eine Weile die Straße entlang, ohne viel zu sagen. Er war in Gedanken vertieft.

»Horizontale Verbindungen zwischen Menschen und vertikale zwischen Menschen und Gott zu bauen«, überlegte er laut, »bedeutet eine große Verantwortung. Ich erinnere mich an einen meiner letzten Aufträge als Soldat in Bayern. Wir sollten eine Brücke sprengen, damit der Feind nicht vorrücken konnte. Meine Kameraden und ich brachten das Dynamit ordnungsgemäß an und legten eine lange Zündschnur. Aber dann – o Wunder! – hatte kein Einziger in der gesamten Patrouille Streichhölzer! So konnten wir unseren Auftrag der Zerstörung nicht ausführen.«

Er setzte diesen Gedankengang mit wachsender Begeisterung fort: »Ingrid, manchmal sind wir nicht nur dazu berufen, beim Bau von Brücken zu helfen, sondern wir müssen auch die vorhandenen Brücken retten, die in einer sterbenden ehelichen Beziehung oder wegen eines Generationskonflikts in Gefahr stehen, zerstört zu werden.«

»Ja, Walter«, antwortete ich nachdenklich. »Es gibt keine guten Straßen ohne gute Brücken.«

8. Das Geschenk des Lebens

Sorgt gut für die schwangere Frau. Sie ist der wichtigste Mensch in unserem Stamm. *Chagga-Häuptling*

August 1955. In zwei Wochen sollte ich unser erstes Kind zur Welt bringen. Walter und ich waren drei Jahre verheiratet, und wir freuten uns sehr darauf, Eltern zu werden. Zuerst mussten wir allerdings rechtzeitig zum Geburtstermin von unserem Außenposten in Tchollíré zum Missionskrankenhaus in Ngaoundéré gelangen. Das bedeutete, dass wir den Benué bei seinem Wasserhöchststand in der Regenzeit zu überqueren hatten. In der Trockenzeit gab es hier keinen Fluss, aber jetzt war er einen Kilometer breit und hatte eine starke Strömung. Ich saß im Einbaum, einem Boot aus einem ausgehöhlten Baumstamm, und versuchte den deutschen Reisekorb, der unser erstes Babybett werden sollte, im Gleichgewicht zu halten. Sorgfältig hatte ich ihn mit einer weichen alten Decke und einem weißen Leintuch ausgelegt. Die Matratze bestand aus ungebleichtem Musselin, der mit Kapok gefüllt war. Im Inneren des stabilen Korbes lagen zwei Dutzend Windeln und die Baumwollhemdchen, die ich schon vor Monaten beim Versandhaus Montgomery Ward bestellt hatte.

Als Walter und ich den angeschwollenen Fluss überquerten, beobachtete ich bestürzt das schmutzige Wasser, das ins Innere des Einbaums drang und meinen kostbaren Korb durchnässte.

»Walter, ich könnte wirklich heulen. Ich weiß, dass wir es irgendwie auf die andere Seite schaffen, aber ich habe diesen Korb mit so viel Liebe für unser Kind vorbereitet …« Ich gab mir große Mühe, mir nicht anmerken zu lassen, wie sehr ich mich nach einem sauberen, trockenen, angenehmen, sicheren Platz für die unmittelbar bevorstehende Geburt sehnte. Mir fehlte ein richtiges, aus Steinen gebautes Haus, wie ich es von den Ozarks kannte. Die dicken Mauern unseres Hauses in Tchollíré bestanden aus Lehm und Steinen. Das strohgedeckte Dach schützte uns vor Regen und Sonne. Mitten in der Nacht wurden wir oft vom Brüllen der Löwen geweckt.

In diesem Moment hatte ich solches Heimweh nach meiner Mutter. Ich sehnte mich so danach, meine Schwestern ganz nah bei mir zu haben. Mein Mann dagegen machte sich offenbar mehr Gedanken darum, wie er das braune Flusswasser aus dem Einbaum schöpfen konnte, als um meine Gefühle.

Ein paar Worte aus unserer Stillen Zeit an diesem Morgen retteten mich:

Kann Gott in deinem Leben das tun, was er will?
Kann er über dich verfügen, wie er will? Oswald Chambers

Gott malte mir ja hier wirklich deutlich vor Augen, wie das gemeint war! Ich musste fast lachen. Der gierige afrikanische Fluss verfügte uneingeschränkt über mein Babykörbchen, aber es würde kein echter Schaden dabei entstehen. Ich wusste, dass auch ich in Sicherheit war, selbst wenn die Umstände nicht dem entsprachen, was ich mir für die Ankunft unseres ersten Kindes vorgestellt hatte. Gott verfügte einfach über mein Leben, aber ich hatte ihm vor langer Zeit schon die Erlaubnis dazu gegeben.

Wir kamen gut über den Fluss und an die Stelle, wo Dr. Eastwold mit seinem Landrover auf uns wartete. Nachdem wir sechs weitere anstrengende, unbequeme Stunden gefahren waren, erreichten wir das einfache neue Missionskrankenhaus in Ngaoundéré, wo die Geburt stattfinden sollte.

Am nächsten Tag war Sonntag, und wir konnten uns ausruhen. Am späten Montagnachmittag setzten die Wehen regelmäßig ein. Ich las noch einmal das Losungswort für heute, den 22. August 1955. Es war Psalm 34, Vers 5: »Als ich den Herrn suchte, antwortete er mir und errettete mich aus aller meiner Furcht.« Ich klammerte mich an diese Verheißung und hielt Walters Hand, als die Wehen stärker wurden und in kürzeren Abständen kamen. Mein Mann blieb treu an meiner Seite, bis Dr. Eastwold sagte, dass es vielleicht noch die ganze Nacht so gehen könnte, und ihm riet, sich für eine Weile hinzulegen. Der Abstand zwischen den Wehen war immer noch einige Minuten.

Zwischen den kurzen Wellen des Schmerzes hörte ich das gleichmäßige Zischen der Gaslampe und entspannte mich. Ich sah auf unseren leeren Korb. Liebevoll hatte ich nach unserer abenteuerlichen Reise seinen gesamten Inhalt noch einmal gewaschen und getrocknet. »Bald wird er nicht mehr leer sein«, dachte ich und fühlte mich auf seltsame Weise getröstet.

Alice, die Frau des Arztes, war als Hebamme bei mir und machte mir Mut. Das französische Wort für Wehen, *travail*, bedeutet auch Arbeit, und meine harte Arbeit schien nicht enden zu wollen. Aber jedes Mal, wenn ich den Gipfel einer Welle erklommen hatte und tief und befreit einatmete, sagte sie mir: »Sagen Sie dieser Wehe ade. Sie werden ihr nicht wieder begegnen. Sie besteigen einen hohen Berg, und jeder Schritt bringt Sie näher ans Ziel.«

Dann geschah alles auf einmal. In dieser anstrengenden Übergangsphase, als unser Baby in den Geburtskanal geschoben wurde, gab es für mich keine Ruhepause mehr. Ich zitterte heftig am ganzen Körper. Der Arzt übernahm jetzt die Regie. »Gib Walter Bescheid, er soll schnell kommen«, sagte er seiner Frau. Gerade noch rechtzeitig tauchte Walter neben mir auf. Ich war von einem Hochgefühl und großer Freude erfüllt, als unser Baby nach drei anstrengenden Presswehen geboren wurde und ich seinen ersten unglaublichen Schrei hörte.

»Es ist ein Mädchen!«, verkündete Dr. Eastwold.

»Gott sei Dank«, sagte Walter, »dann wird sie niemals Soldat sein müssen.«

Als ich am nächsten Morgen aufwachte, schaute ich sofort zu dem Korb hin, der auf einem niedrigen Tisch am Fuß unseres Bettes stand. Hatte ich geträumt? War der Korb immer noch leer? Es war alles so ruhig. Dann hörte ich leise Geräusche aus dem Inneren des weich ausgelegten Babybettchens. Hatte mein Leben nicht auf genau die gleiche Weise begonnen? Mein erster Ort der Geborgenheit auf der anderen Seite des afrikanischen Kontinents war ebenfalls ein geflochtener Reisekorb gewesen.

So begann mein Weg als Mutter – erfüllend, anstrengend, mit

In Tchollirè: Der Mallum, der islamische Geistliche (zweiter von links), bringt dem weißen Baby (Katrine) seine Geschenke

Zeiten der unglaublichen Freude und des tiefen Schmerzes. Ich dachte an meine eigene Mutter, die mir alles Wichtige über Babypflege beigebracht hatte. Weil sie es mir vorgelebt hatte, kam ich mit meinem eigenen Baby gut zurecht. Wir nannten unsere Erstgeborene Katrine. Als ich den Körper meiner kleinen Tochter mit Olivenöl einrieb, dachte ich, dass Maria bestimmt das Gleiche mit Jesus gemacht hatte, als er ein Baby war.

Ich sollte noch vier weitere Kinder zur Welt bringen: Daniel, David, Stephen und Ruth gesellten sich bald zu unserer wachsenden Familie. Sie alle verbrachten ihre ersten Jahre in der kinderfreundlichen Atmosphäre eines afrikanischen Dorfes – wo jedes Kind als wertvolles Geschenk willkommen geheißen wurde.

Walters Mutter zog 1958 bei uns ein, nachdem Walters Vater in Leipzig plötzlich an einem Herzanfall gestorben war. Sie war über Ost-Berlin in den Westen geflohen. Damals gab es ja die Berliner Mauer noch nicht, und wie vielen Hunderten, die täglich mit nichts als einer Handtasche in der S-Bahn die Grenze passierten, war es ihr gelungen, ohne Aufsehen zu erregen, die DDR zu verlassen.

Als Ruth, unser fünftes Kind, geboren wurde, kam der Dorfhäuptling zum Gratulieren und sagte: »Du musst die glücklichste Frau in unserer Gegend sein. Du hast gerade ein fünftes Kind bekommen und deine Schwiegermutter lebt bei dir.« Erstaunt hörte ich mir seine Worte an. Aber nachdem ich ein bisschen darüber nachgedacht hatte, konnte ich ihm nur zustimmen.

Von Walters Mutter, die wir »Mutti« nannten, lernte ich, wie wichtig es ist, dass Kinder in einer geborgenen und warmen Umgebung aufwachsen. Als erfahrene und begabte Lehrerin betonte Mutti oft, dass Kinder in einer Klasse nur dann Fortschritte machen, wenn dort eine fröhliche Atmosphäre herrscht. Ich merkte, dass das für meine kleinen Kinder in unserem Haus sogar noch stärker zutraf. Ich wünschte mir für meine Kinder vor allem, dass sie sich geborgen und geschützt fühlten. Jedes hatte etwas Eigenes zum Kuscheln, ein Lieblingskissen oder eine Lieblingsdecke. Das gab ihnen ein Gefühl der Sicherheit und stellte in den Zeiten, wo man sie nicht im Arm halten konnte, eine Erweiterung der mütterlichen Liebe dar. Linus von den »Peanuts« hat der »Schmusedecke« zu einem guten Ansehen verholfen, und ich kann das nur unterstreichen.

Die Jahre, in denen ich die Kinder zur Welt brachte, gehören zu den glücklichsten meines Lebens. Walter fühlte sich im Umgang mit unserer kleinen Tochter zuerst nicht ganz so wohl. Er hatte Angst, er könnte sie zu rau anfassen oder ihr wehtun. Als deutscher Mann hatte er beobachtet, dass im Wesentlichen die Mutter für die Versorgung der Kleinkinder und die Bewältigung des Haushalts zuständig war. Wir sprachen ehrlich und offen miteinander, denn wir wollten als Eltern eine neue Brücke zwischen alten Rollenvorstellungen bauen. Wie konnten wir uns in unseren vorgegebenen Rollen als Mutter und Vater am besten gegenseitig unterstützen und ergänzen?

Walter wandte sich seinen Kindern viel stärker zu, als andere deutsche Väter das im Allgemeinen damals taten. Und er hatte ein unglaublich gutes Gespür für das Zauberhafte in der Welt unserer Kinder. Eines Morgens ärgerte ich mich, dass er nicht auf Katrines ersten Ruf nach dem Aufwachen reagierte, während

In Tchollíré 1955, nach Katrines Geburt

ich in der Küche beschäftigt war. Ich wunderte mich, was los war, und ging ins Schlafzimmer. Kaum traute ich meinen Augen: Dort saß er vor dem Kind, das ihn mit leuchtenden Augen ansah, und schrieb in unser Tagebuch! Katrine, die sich in ihrem Bettchen hochgezogen hatte, weinte nicht mehr, sondern sah ihren Vater so fasziniert an wie ich.

»Ingrid, meine Liebe, hör dir mal an, was ich gerade geschrieben habe«, sagte er aufgeregt zu mir. »Ich glaube, das will unsere Tochter uns vielleicht erzählen«, und er fing an zu lesen: »Am Morgen sehe ich aus wie eine Braut, obwohl ich noch ein Baby bin. Ich ziehe mich in meinem Bett hoch und stoße mit meinem kleinen Kopf an das Moskitonetz. Es fällt wie ein Schneeschleier über mein goldenes Haar, während ich darauf warte, dass die Tür aufgeht und mein Papa hereinkommt.«

»Walter, du nimmst die Schönheit des Augenblicks wahr! Und ich sehe manchmal nichts anderes als das, was gerade gemacht werden muss.«

Nach einem besonders langen Flug, als wir unseren ersten und einzigen Heimaturlaub während unserer zehn Jahre in Afrika machten, sagte Walter zu mir: »Die Seele geht zu Fuß.«

»Was meinst du damit, Liebling?«

»Die Seele kann nicht mit dem Flugzeug reisen«, erklärte er. »Sie kann sich nur zu Fuß fortbewegen. Es wird Tage dauern, bis meine Seele meinen Körper eingeholt hat. Mein Körper ist schon in Frankreich und auf dem Weg nach Amerika. Meine Seele ist immer noch in Afrika.«

Siehe, ich sende einen Engel vor dir her, der dich behüte auf dem Wege und dich bringe an den Ort, den ich bestimmt habe.
2. Mose 23,20

Dies war unsere Verheißung für die Rückreise nach Afrika nach unserem Heimaturlaub. Daniel war zehn Monate alt und Katrine etwas über drei, als wir im Schlafwagen von Chicago nach Washington und weiter nach New York fuhren. Hier gingen wir an Bord des damals größten und schnellsten Schiffes, der »SS United States«. 1957 war das immer noch die billigste Art, über den Atlantik zu kommen. Sechs Tage später wartete unser Zug nach Paris am Kai in Le Havre. Von Paris aus nahmen wir einen Nachtzug nach Karlsruhe.

Dort hatte Walter gerade ein paar Tage Zeit, um bei der Württembergischen Bibelanstalt die Korrekturabzüge unserer Fulani-Bilderbibel durchzusehen. In dieses Projekt hatten wir beide sehr viel Zeit gesteckt und zusammen mit einem anderen Pfarrer Teile der Bibel in die Sprache übersetzt, die die Sara und manche andere Afrikaner in Rey Bouba sprachen. Wir waren die Ersten, die etwas in Fulani drucken ließen. Es waren vierundsechzig Geschichten aus dem Alten und Neuen Testament mit farbigen Bildern. Was das für die Arbeit in Tschollíré bedeutete, kann man kaum ermessen!

Dann ging es für unseren Nachtflug Richtung Afrika zurück nach Paris. Wir waren uns beide darin einig, dass wir auf einer Reise mit kleinen Kindern viele Schutzengel brauchten. Selten hatten wir eine Hand frei, um die kleine Katrine bei der Hand zu nehmen, geschweige denn sie zu tragen, wenn sie müde war.

Ein schwüler afrikanischer Morgen begrüßte uns in Fort-

Lamy. Von dort nahmen wir ein weiteres Flugzeug nach Garoua in Kamerun. Am Flughafen erwartete uns unser Missionskollege Ernest Johnson mit seinem Pick-up. Afrika hatte uns wieder.

Wir mussten dringend vor Einbruch der Dunkelheit die neue Fähre über den angeschwollenen Benué erreichen. Ernest fuhr so schnell, wie es die afrikanischen Straßen erlaubten. Vergeblich. Ein tropischer Wolkenbruch löste die Straße unter uns auf und verwandelte sie in tückischen Matsch.

Um elf Uhr nachts erreichten wir schließlich die Stelle am Benué, wo die Fähre abfuhr. Zu spät. Die Fährmänner mussten nachts nicht arbeiten. Wir blendeten unser Licht über dem Fluss auf und drückten auf die Hupe, aber es kam keine Reaktion. Pausenlos ging der heftige Regen auf uns nieder. Die Kinder schliefen auf unserem Schoß, und wir wagten nicht, uns zu bewegen, um sie nicht aufzuwecken.

Plötzlich hörten wir Stimmen und Rufe! Die Fähre tauchte in der Dunkelheit auf. Diese treuen Leute! Trotz der Dunkelheit und des Regens waren sie gekommen, um uns abzuholen. Wir überquerten den Fluss schnell und problemlos. Tcholliré war nur vierzig Kilometer entfernt. Würden wir noch in dieser Nacht dort ankommen?

Wir hatten uns zu früh gefreut. In einer Kurve verfehlten die Hinterräder die feste Bahn der Straße und rutschten in den Matsch. Ernest versuchte mit aller Kraft, die Vorderräder auf der Straße zu halten. Aber nach kurzer Zeit rutschte auch das linke Vorderrad in den Dreck. Der Wagen kippte um 45 Grad nach links. Wir steckten fest.

Die beiden Afrikaner, die auf der Ladefläche des Pick-ups mitreisten, liehen sich unsere einzige Taschenlampe aus und machten sich auf den Weg ins nächste Dorf. Es würde mindestens vier Stunden dauern, bis sie wieder zurück waren. Ernest versuchte, auf der Pritsche des Kleinlasters unter einer Plane ein wenig Schlaf zu bekommen. Aufgrund unserer gefährlichen Schieflage rutschten Walter und ich in der Fahrerkabine ständig nach links und saßen aufeinander. Die Kinder waren nun drei Nächte hintereinander unterwegs und wurden unruhig. Für die Moskitos waren sie eine leichte Beute.

Als es drei Uhr nachts war, hörten wir schließlich Stimmen. Die treuen Fährmänner waren noch einmal gekommen, um uns zu helfen. Als Nächstes räumten wir den gesamten Lastwagen aus. Der neue Tag zog herauf, bevor unsere Räder schließlich wieder auf festem Boden waren. Um sieben Uhr morgens fuhren wir zur Missionsstation in Tcholliré hoch. Was für ein Jubel!

Gott hatte einen Engel vor uns hergesandt und uns sicher an den Ort gebracht, den er bestimmt hatte, genau wie er es vor unserer Reise versprochen hatte. Wir dankten ihm leise.

In Libamba konnte ich durch unsere Kinder viel weniger aktiv an der Arbeit teilnehmen als in Tscholliré. Ich muss zugeben, dass es nicht immer leicht war, »nur« zu Hause zu bleiben und mich um die Kinder zu kümmern, während Walter ein erfülltes und geistig anregendes Leben am Gymnasium in Libamba führte.

Auch schien ihm seine Mutter näher zu stehen als ich. Sie teilten ihre Sprache. Dazu unterrichtete Mutti wie er am Gymnasium und sie konnten jeden Tag beim Abendessen ihre Erfahrungen austauschen.

Ich dagegen hatte den ganzen Tag mit Windelnwechseln, Kochen, Aufräumen und den anderen sich ständig wiederholenden Arbeiten eines Haushalts in den Tropen verbracht. Wieder und wieder musste ich mir sagen, dass ich auf diese Weise langfristig in die Zukunft der Kinder investierte. Meine Hauptaufgabe bestand im »Menschen-Formen«. Das wog mehr als jedes persönliche kurzfristige Ziel, das ich hätte anstreben können. Viele Mütter mit kleinen Kindern befinden sich in einer ähnlichen Situation und müssen um ihr inneres Gleichgewicht kämpfen. Diesen Kampf gewinnt man nicht über Nacht.

Unsere eigenen Kinder waren im Vorschul- und Grundschulalter, als wir von ihrem Geburtsland Kamerun in die Berge nach Oberösterreich zogen.

Geburtstagsfeier in Libamba. Katrine, David und Stephen (von links) mit ihren Gästen (Daniel ist nicht mit auf dem Bild)

Katrine mit Ruth in Libamba 1961

Diese Gegend betrachte ich gern als die europäischen Ozarks. Walter wollte, dass seine Kinder die bestmögliche europäische Schulbildung bekamen. Deshalb verließen wir Afrika. Österreich war ein wunderbares Land, um unsere drei Söhne und zwei Töchter durch ihre Teenagerjahre zu begleiten. Ein paar Monate lang hatten wir sogar fünf Teenager in der Familie, zwischen dreizehn und neunzehn Jahren.

Wir wollen unsere Kinder erziehen – nicht so, dass sie Gutes tun, sondern so, dass es ihnen unmöglich wird, Böses zu tun.
George MacDonald

Wir träumten davon, jedem Kind ein eigenes Zimmer zu geben, wo es von niemandem gestört wurde. Walter und ich erinnerten uns beide daran, wie sehr wir uns als Kinder nach unseren eigenen vier Wänden gesehnt hatten. In Österreich konnten wir uns ganz sicher kein Haus leisten, das groß genug war, um diesen Traum zu verwirklichen. Darum baten wir unsere lieben Nachbarn auf dem Lichtenberg, die Peternbauern, um die Erlaubnis, über ihren Ställen einige Räume anzubauen. Die drei älteren Kinder konnten sich hier vom üblichen Trubel des Familienlebens zurückziehen, und Walter richtete sich dort auch ein Büro und Seelsorgezimmer ein.

Wir bestanden allerdings darauf, dass wir alle gemeinsam am Tisch aßen, und nach dem Essen las Walter oft aus einem Lieblingsbuch der Kinder vor, während ich versuchte, den Berg Flickwäsche etwas abzubauen. Wir waren uns beide einig, dass die Unterhaltung beim Essen sehr wichtig war. Das gab den Kindern Gelegenheit, ihre eigene Meinung auszudrücken, und trug dazu bei, dass wir sie besser verstanden. Die gemeinsamen Mahlzeiten waren auch eine gute Gelegenheit, um sich gute Manieren »abzuschauen« bzw. sie beizubringen. Eine Mutter sagte einmal: »Gutes Benehmen ist ein Ausdruck der Rücksichtnahme auf andere. Es erinnert uns daran, dass sich nicht die ganze Welt nur um uns dreht.«

Bei uns gab es eine kleine »Danke-Schachtel« auf dem Tisch.

Walters Mutter Gertrud mit ihren Deutsch-Schülern in Libamba

Stehend, von links: David und Daniel
Sitzend: Stephen, Ruth und Katrine

Jedes Familienmitglied konnte kleine Notizen der Dankbarkeit hineinstecken, und wenn die Schachtel zu voll wurde, las unser ältester Sohn Daniel die Sätze bei einem guten Nachtisch laut vor. Diese kleine Schachtel erwies sich als sehr nützlich, um die Teenager dahin zu bringen, dass sie nicht nur motzten, sondern auch Dankbarkeit äußerten.

Mich jedem Kind einzeln zu widmen, wurde mir sehr wichtig. Wann immer es möglich war, versuchte ich jedes Kind so zu behandeln, als sei es mein einziges. Das ließ sich oft nicht so leicht bewerkstelligen. Aber es lohnte sich immer für unsere ganz besondere Beziehung, eine Stunde allein mit einem der Kinder zu verbringen, ob beim Einkaufen oder einem besonderen Spaziergang, zu Hause oder bei der Autofahrt zur Schule.

Walter war gut darin, sich besondere Familienzeiten auszudenken und zu planen, zum Beispiel Campingausflüge. Es gelang ihm auch, seine Liebe zur Oper an seine Kinder weiterzugeben. Bei einer Reise durch Bayern nahm er den elf Jahre alten Stephen nach Bayreuth mit. Zufällig bekamen sie Freikarten für die fünfstündige Generalprobe der Wagneroper »Siegfried«. Bis heute ist dieses Erlebnis für Stephen eine der kostbarsten Erinnerungen an Zeiten, die er mit seinem Vater verbracht hat.

Campen mit der Familie war auch so eine Geschichte. In gewisser Weise war es viel anstrengender, als zu Hause zu bleiben, aber unsere gemeinsamen Erlebnisse waren die Mühe wert. Ein Freund sagte mir einmal: »Die Familie, die zusammen campt, bleibt zusammen.«

Bei einer dieser unvergesslichen Unternehmungen hatten wir in der Nähe der tschechischen Grenze einen freundlichen Bauern gefunden, der uns erlaubte, unsere Zelte mitten im Wald aufzuschlagen. Sanitäranlagen gab es keine, aber »Oh, wie abgelegen und romantisch und wunderbar!«, rief Walter.

Unsere Älteste war vierzehn. Irgendwie schafften es die Kinder, ihr eigenes Zelt aufzubauen, während ich mich abmühte,

Der Lichtenberg in Oberösterreich (das Trobisch-Haus verdeckt hinter dem Bauernhaus in der Bildmitte)

unseren Eintopf auf dem kleinen Campingkocher heiß zu machen. »Wo ist der blaue Wassereimer?«, fragte ich. »Kinder, habt ihr den blauen Wassereimer gesehen? War er nicht im Kofferraum, Walter?«

»Ich habe ihn, Ingrid!«, antwortete er und tauchte aus dem kleinen grünen Zelt auf, das wir geliehen hatten. »Ich musste mir eine Notkonstruktion ausdenken, weil bei einer Zeltstange ein Teil fehlt.«

Stolz öffnete er den Zelteingang und zeigte mir seine provisorische Lösung. Der vorhandene Teil der Stange stand gerade; der umgestülpte Eimer diente von unten als wacklige Stütze. Durch ein physikalisches Wunder stand auch das Zelt gerade.

»Papa, glaubst du, das bleibt die ganze Nacht so stehen?«, gab der sieben Jahre alte Stephen zu bedenken. Er besaß von unseren Kindern den meisten technischen Verstand.

»Ich glaube, wir müssen uns etwas anderes ausdenken, wie wir unser Wasser holen«, konnte ich nur hinzufügen.

Es wurde Nacht. Erschöpft sank ich auf die Matratze und

merkte kaum, dass sie schon zur Hälfte die Luft verloren hatte. Ich war zu müde, um mir darüber irgendwelche Gedanken zu machen, nachdem ich den Mammutjob bewältigt hatte, im Freien für meine hungrige Familie zu kochen. Walter beugte sich zu mir herüber und nahm meine Hand. »Ist das nicht die wunderbarste Art, die Beziehung zu unseren Kindern zu pflegen, Ingrid?«

Ich war mir nicht so sicher, ob es eine gute Art war, die Beziehung zu seiner Frau zu pflegen. Aber ich brachte es fertig zu sagen: »Vielleicht hast du Recht, Schatz. Es ist nur so, dass ich mich im Moment nicht gerade wunderbar fühle.« Ich hatte weder Zeit noch Wasser gehabt, um mein Gesicht zu waschen, bevor ich ins Bett ging. Allerdings konnte das nicht schlimmer sein als der Versuch, aufrecht sitzend in einem Pick-up einzuschlafen, der auf einer afrikanischen Straße im Matsch stecken geblieben war. Als sich meine Gedanken Afrika zuwandten, schlief ich schnell ein.

Wiederholtes Donnern riss uns aus dem Schlaf. Ein Windstoß fuhr heulend durch die Baumwipfel. Ich glaube, unser liebes kleines Zelt beschloss, aufzugeben und zusammenzubrechen, bevor der Wind es auch nur berührt hatte. In dem Moment öffneten sich am Himmel die Schleusen, und der Regen prasselte auf unseren kleinen, zappelnden grünen Haufen Zeltstoff irgendwo in den oberösterreichischen Wäldern.

Daniel, unser ältester Sohn, war der Erste, der herbeirannte, um uns zu retten. Er und David erboten sich, den Rest der Nacht im Auto zu verbringen, so dass wir uns zu den anderen Kindern in das zweite Zelt quetschen konnten. Inzwischen war jeder, der an der Mission »Rettet die Eltern« beteiligt war, bis auf die Haut durchnässt, und die kleine Ruth war auch noch wach geworden. Um drei Uhr morgens fing Stephen an, uns davon zu erzählen, wie er seinem Mathelehrer ein rohes Ei auf den Stuhl gelegt und dieser sich dann prompt darauf gesetzt hatte. Walter und Katrine lachten so laut, dass Danny und David vom Auto aus brüllten: »Was gibt's denn so Lustiges?« Stephen wiederholte seine Geschichte, und die beiden lachten sich halb tot.

Walter hatte doch Recht. Wir pflegten die Beziehung zu unseren Kindern auf eine wunderbare Art. Vielleicht ein bisschen chaotisch und unberechenbar, aber trotzdem wunderbar.

In Österreich etwa 1969,
von links Daniel, Ruth, David, Stephen, Katrine und Walter

Als Mütter müssen wir unsere Kinder im Lauf ihres Lebens immer wieder zur Welt bringen. Jede Geburt ist schmerzhaft. Diesen Schmerz empfinden wir immer wieder, wenn unsere Kinder in eine neue Lebensphase eintreten und wir sie schrittweise loslassen müssen.

Eltern zu sein hört niemals auf. Es ist immer ein Kind dabei, das einen dazu treibt, auf die Knie zu gehen. Und wenn es kein eigenes Kind ist, dann ein Enkel, eine Nichte oder ein Neffe oder das Kind eines Freundes, das einem so lieb ist wie das eigene Kind.

Die überwältigende Einsicht, dass ich nirgends sonst hingehen konnte, hat mich oft dazu getrieben, auf die Knie zu gehen.

Abraham Lincoln

Eltern von Teenagern können sich wahrscheinlich gut mit Abraham Lincolns Worten identifizieren. Die Pubertät ist die »Grippe der Persönlichkeit« genannt worden. Da gab es viele »laufende Nasen«, Zeiten »des Fiebers und des Unwohlseins«, als unsere Kinder mit ihren Gefühlen kämpften und seelische Unterstützung brauchten. Mir half es zu wissen, dass diese »Grippezeit« bald vorbeigehen und ein großartiger Mensch zum Vorschein kommen würde. Wir versuchten, nicht ständig auf unseren Kindern herumzuhacken, sondern sie in einen Kokon der Liebe und Annahme einzuhüllen. Wir übten uns auch in Geduld, während wir zusahen, wie Gott am Werk war.

Natürlich brauchte unsere Familie Verkehrsregeln. Es hatte Folgen, wenn Grenzen nicht beachtet wurden. Wir versuchten, unsere Jugendlichen zu beachten und zu bestätigen, wenn sie etwas richtig machten, anstatt überzureagieren, wenn etwas falsch lief.

Siehe, Kinder sind ein Erbe vom Herrn. *Psalm 127,3*

Ein Erbe ist normalerweise ein besonderes Vorrecht. Gott will, dass uns unsere Kinder kostbar sind und wir sie so erziehen, dass ihr Leben gelingt. Er gibt uns den Auftrag, sie so vorzubereiten wie ein geübter Handwerker, der einen Pfeil schnitzt. Denn Gott hat Kinder dazu geschaffen, dass sie etwas erreichen.

Unsere Beziehung zu unseren Teenagern soll auf Liebe, nicht auf Autorität gegründet sein. Teenager sind Kinder in einer Übergangsphase und keine kleinen Erwachsenen. Sie brauchen die Gewissheit, dass wir sie bedingungslos lieben und annehmen.

Walter und ich bemühten uns darum, unsere Kinder wie Personen zu behandeln und nicht wie einen Besitz. Wir versuchten, uns weder über sie lustig zu machen, noch über sie zu urteilen. Wir versuchten sie zu respektieren und ihre Privatsphäre zu achten. Das hieß, dass wir ihnen ernsthaft zuhörten, auch wenn sie nach unserer Meinung Unsinniges von sich gaben.

Aber wie das mit solchen Richtlinien so ist – es ist viel einfacher, sie heute aufzuschreiben, als sie damals zu leben.

Unsere Kinder sind ein riesengroßes Geschenk, ohne Zweifel, aber auch eine riesengroße Verantwortung. Ein Freund sagte einmal zu mir, man sei erst wirklich erwachsen, wenn man mindestens ein Kind bis zum Erwachsenenalter großgezogen habe. Eltern zu sein bedeutet mehr, als das eigene Kind morgens in die Welt zu entlassen und es am Abend zurückzuerwarten. Wie leicht wäre das!

Ich erinnere mich gut an die Nacht vor unserer Hochzeit in Mannheim, als Walters Mutter darum bat, am Polterabend kurz ein paar Worte sagen zu dürfen.

»Ich will nur sagen«, verkündete sie, »dass ich hiermit den ersten Platz im Leben meines Sohnes räume und ihn an Ingrid übergebe.«

Ich war damals ziemlich naiv und dachte: »Tut das nicht jede Mutter, wenn ihr Sohn oder ihre Tochter heiratet?«

Das ist jetzt fünfzig Jahre her. Ich bin fünfmal Schwiegermutter geworden. Bei jedem meiner Kinder spürte ich am Hochzeitstag den gleichen Schmerz – ich wusste, dass ich sie bedingungslos gehen lassen musste. Genau wie nach der Geburt eines Kindes die Nabelschnur durchschnitten werden muss, wenn dieses Kind überleben soll, so muss ich auch bereit sein, das Band zwischen mir und meinen Kindern zu durchtrennen. Ohne einen echten Abschied kann es auch keine echte Heimkehr geben. Ein Arzt formulierte es einmal so: »Bekomme sie! Liebe sie! Lass sie gehen!«

Jetzt bin ich von meinen erwachsenen Kindern und ihren Familien getrennt, und wir können nur bei besonderen Gelegenheiten zusammen sein. Aber ich habe ihre Bilder. Morgens kann ich ein Bild in die Hand nehmen, dieses Kind an mein Herz drücken und ihn oder sie und diesen Tag dem Herrn anbefehlen, bevor ich an meine tägliche Arbeit gehe. Den größten Segen, den ich ihnen geben kann, ist, ihnen zu bestätigen, dass sie sehr geliebt sind.

Dieses Kapitel ist allen unseren Kindern gewidmet. Für mich sind sie ein Geschenk des Lebens, durch das ich immer wieder beschenkt werde. Ich möchte aus einem Brief zitieren, den Walter an Katrine schrieb, als sie ein Jahr alt war. Vater und Tochter waren bereits um Kontinente voneinander entfernt und Walter erlebte zum ersten Mal den Schmerz, von seinem Kind getrennt zu sein, wie er ihn später noch oft erfahren sollte.

»Mein liebes Pimmelpammelchen!

Nun bist du schon ein ganzes Jahr durch diese Welt gekrochen. Aber du hast kein Empfinden für die Zeit. Und für dich ist jeder Tag so, wie er ist: ganz, voll, frei, ohne Zwänge, die ihn an die Vergangenheit binden, ohne schwere Gedanken, die ängstlich in die Zukunft tasten. Du gesegnetes kleines Pünktchen, du weißt nichts von der Zeit, du weißt nichts von der Dauer und du weißt nicht, was es bedeutet, gebeugt zu werden.

Du bist so weit weg. Völker, Länder, Ozeane, Kontinente trennen uns. Aber du verstehst nichts vom Raum, du gesegnetes kleines Pünktchen, und darum verstehst du nichts von der Sehnsucht und dem Abschiedsschmerz. Für dich ist der Raum nicht etwas, durch das du läufst, sondern etwas, das dich umgibt wie die Liebe Gottes. Inmitten dieser Liebe sind alle Ort gleich weit und gleich nah entfernt.

Ich wünschte Dir, dass Dir etwas bliebe vom Lebensgefühl dieses ersten Jahres. Nie wirst Du der Ewigkeit wieder so nah sein, ohne Zeit und Raum, bis zuletzt, wenn alles beginnt.

Dein Vater«

»Es sind nicht nur die Kinder, die sich in der Gegenwart ihrer Mutter geborgen fühlen, sondern auch die Mütter sind geborgen in der Gegenwart ihrer Kinder«, tröstete Dr. Theodor Bovet mich einmal. »Nicht die Eltern machen die Kinder, sondern die Kinder machen zu Eltern.«

Ich schreibe diese Geschichte meines Lebens und habe gerade meine neugeborene Enkelin Kate Marie Trobisch im Arm gehalten. Als sie mir in die Augen schaute, sah ich die Weisheit vergangener und zukünftiger Generationen. Obwohl sie erst ein paar Stunden alt ist, wurde ich von Ehrfurcht erfüllt und verliebte mich ganz und gar in sie. Ich dachte an das Lutherwort: Wenn man ein Kind sehe, sehe man Jesus Christus. Jesus sagte zu seinen Jüngern: »Wer ein solches Kind aufnimmt in meinem Namen, der nimmt mich auf.« (Matthäus 18,4)

9. Über das Schreiben

Die Frage ist nicht, was man anschaut,
sondern was man sieht. *Henry David Thoreau*

Als Studentin und in den verschiedenen afrikanischen Häusern, die mein Zuhause waren, hatte ich meiner kleinen Olympia-Schreibmaschine immer eine besondere Ecke zugewiesen. Ich träumte davon, eines Tages die Geschichte meiner Eltern und meiner eigenen Kindheit aufzuschreiben.

Die Geschichte einer Autorin beginnt lange, bevor sie ihr erstes Wort geschrieben hat. Ich erinnere mich an unser bescheidenes Zuhause in Libamba im Regenwald. Unser »grünes Gefängnis« am Äquator war vollkommen vom unberührten Dschungel umgeben. Drei unserer fünf Kinder wurden dort geboren. Mein tägliches Leben kreiste um ihre Bedürfnisse. Dazu versuchte ich, einen ruhigen Rückzugsort für meinen viel beschäftigten Mann zu schaffen.

Aber sobald es sich machen ließ, richtete ich mir meine kleine Schreibecke in unserem Schlafzimmer ein. Ich wusste: Alles, worauf ich hoffen konnte, war die eine Stunde nach dem Frühstück, wenn die älteren Kinder sich satt und zufrieden selbst beschäftigten und das Baby sein Morgenschläfchen machte. Über dem Schreibtisch bewahrte ich auf einem schmalen Regal einige Bücher auf, die mir am meisten bedeuteten. Mein ganzes Leben lang habe ich liebend gern gelesen. Biographien finde ich besonders fesselnd.

Damals las ich gerade die so genannten Missions-Klassiker – Bücher über das Leben zeitgenössischer Missionare und ihrer Abenteuer. In den fast nicht existierenden kleinen Pausen in meinem täglichen Ablauf konnte ich hier und da einen Abschnitt lesen. Die richtige Freude kam dann am Abend auf, wenn die Nachtgebete gesprochen und die letzten gepiepsten Wünsche: »Mami, ich habe Durst!«, erfüllt waren. Dann setzte ich mich bequem hin, stützte meine Füße auf den handgeschnitzten afrikanischen Hocker, der bis heute in unserem Besitz ist, und fing an zu lesen.

Ich stellte fest, dass der Verlag Harper & Row in New York diese neueren Missionarsbiographien veröffentlicht hatte. Die Adresse, 49 East 33rd Street, New York 16, war in jedem Buch abgedruckt. Ich nahm all meinen Mut zusammen und schrieb an Mel Arnold, den Leiter der religiösen Abteilung. Ich hatte gehört, dass man erst eine Anfrage an den Verlag schicken sollte, bevor man ein Manuskript einreichte. Und ich wusste, dass dieser Brief kurz sein musste. Also schrieb ich einen Brief in drei Absätzen an Mr. Arnold, in dem ich ihm mitteilte, dass ich eine Geschichte zu erzählen hatte, wovon diese Geschichte handelte und warum ich Harper & Row für den richtigen Verlag hielt.

Einen Monat später erhielt ich einen eindrucksvollen Luftpostbrief, der in New York abgestempelt war. Mit zitternden Händen öffnete ich ihn. Er war von Mel Arnold und begann mit der Anrede: »Liebe Miss Trobisch!« Darüber musste ich lachen, denn ich hatte fünf kleine Kinder um mich.

»Natürlich interessieren wir uns für Ihre Geschichte«, schrieb Mr. Arnold. »Bitte schicken Sie uns ein Konzept Ihres Buches und ein Probekapitel.«

Ich treffe oft Leute, die gern Schriftsteller sein würden. Sie erzählen mir, dass sie eine Geschichte haben, die sie veröffentlichen möchten, und fragen mich, ob ich ihnen helfen kann. Wenn ich dann frage: »Kann ich einmal sehen, was Sie geschrieben haben?«, bekomme ich oft zur Antwort: »Oh, bis jetzt habe ich noch nichts geschrieben. Es ist alles in meinem Kopf.« – »Dann schreiben Sie es einfach auf«, sage ich zu ihnen.

Jetzt musste ich mich selbst der Realität stellen. Aufgeregt zeigte ich Walter den Brief. Er umarmte mich und versprach, alles zu tun, was in seiner Macht stand, um mir bei der Verwirklichung meines Buchprojekts zu helfen. Ich konnte jeden Tag von vier bis sechs Uhr sein Büro hinter der College-Kapelle benutzen. Er wollte seine Seminarvorbereitung dann zu Hause machen und gleichzeitig ein Auge auf unsere Kinder haben. Ich war ihm dankbar für dieses Angebot und machte mich an die

Arbeit. Nach zwei Wochen hatte ich den Entwurf für das Buch und ein Probekapitel fertig, das mit »Die Zamzam« überschrieben war. Ich schickte beides nach New York.

Ehrlich zu schreiben und mit vollem Einsatz ist das Mindeste, was wir tun können, und das Äußerste. *Eudora Welty*

Mehrere Wochen vergingen, während ich unruhig auf Antwort wartete. Dann kam der Brief. Mein Herz lachte, als ich Mel Arnolds positive Antwort las. Sie endete mit folgenden Worten: »Wir sind bereit, Ihnen einen Vertrag anzubieten.« Beinahe ein Jahrzehnt lang hatte ich recherchiert. Ich hatte die Reisetagebücher und Briefe meines Vaters abgetippt. Ich hatte einige Autoren, die ich bewunderte, angeschrieben und sie um Rat gebeten.

Eine davon war Elisabeth Elliot, von der mehrere Missionsklassiker stammten. In ihrem Brief vom 3. Juni 1959 schrieb sie mir: »Wenn Sie sich entscheiden, die Geschichte Ihrer Eltern aufzuschreiben, dann würde ich Ihnen raten, sie so einfach wie möglich zu halten. Wenn Ihre Eltern eine Geschichte zu erzählen haben, dann überlassen Sie es ihnen, das zu tun – das heißt, versuchen Sie nicht, Ihre persönliche Meinung hineinzubringen. Es ist überaus schwer, diese Einfachheit zu erreichen, die gutes Schreiben ausmacht, aber es lohnt sich, sich darum zu bemühen.«

Briefe gingen zwischen Libamba und New York hin und her. Ich fragte Mel Arnold, wie sie mir einen Vertrag anbieten konnten, wenn sie noch nicht einmal wussten, ob ich die Begabung zum Schreiben hatte. »Wir wissen, wann wir eine gute Familiengeschichte haben«, schrieb er, »und wir wissen auch, wie wir Ihnen helfen können, sie aufzuschreiben. Wir haben 150 Jahre Verlagsgeschichte gebraucht, um herauszufinden, dass Frauen mehr lesen als Männer. Darum suchen wir nach Familiengeschichten, die von Frauen geschrieben sind.« Er verriet mir auch, dass nur eines von sechshundert unaufgefordert eingesandten Manuskripten jährlich in seinem Verlag veröffentlicht wurde. Er fragte mich, wie bald ich nach New York kommen konnte, damit wir von Angesicht zu Angesicht miteinander reden könnten ...

Das machte mich ein bisschen nervös, und gleichzeitig fühlte ich mich sehr geehrt.

In ein paar Monaten sollte unsere Familie auf Heimaturlaub gehen. Es waren sechs Jahre vergangen, seit ich meine Familie und meine Freunde in den USA zuletzt gesehen hatte. Walter schlug vor, dass ich Afrika ein paar Wochen vor ihm verließ und unsere drei jüngsten Kinder mitnahm. David und Stephen würde ich bei Walters Mutter lassen, die inzwischen in Westdeutschland lebte.

Im Februar 1962 kam ich mit unserer Jüngsten, Ruth, in New York an. Sie war noch nicht ganz zwei. Eine liebe Freundin bot sich an, sich um sie zu kümmern, während ich mich mit Mel Arnold und Edward Sammis, meinem Lektor für das Projekt, traf. Unsere beiden ältesten Kinder, Katrine und Daniel, waren noch in der Schule für Missionskinder in Kamerun und würden nach dem Ende des Schuljahrs mit ihrem Vater zusammen nach Europa kommen. Wir planten, dass ich mein Buch innerhalb von zwei Wochen in den USA fertig stellen und dann nach Deutschland kommen würde. Ich ahnte ja nicht, was auf mich zukam!

Jedes Leben birgt in sich die Fähigkeit zur Klärung. Peter Hoeg

Mit gespannter Vorfreude und dem Gefühl, dass es einfach nicht wahr sein konnte, was ich gerade erlebte, ging ich von meinem Hotel in der Innenstadt von Manhattan zur East 33rd Street Nr. 49. Mel Arnold empfing mich freundlich in seinem Büro, wo die Bücher nicht nur die Wände bedeckten, sondern auch über die Stühle und den Boden verstreut lagen. Er war ein großer, stattlicher Mann, der mich an Lincoln erinnerte. Er konzentrierte sich völlig auf unser Gespräch und machte sich Notizen in sein kleines schwarzes Buch. Am Ende meines Besuches händigte er mir ein blaues Dokument aus – den Vertrag für mein Buch mit dem Arbeitstitel »Dass man erkenne seinen Weg«. Es sollte davon handeln, wie dieses Hochzeitsgebet meiner Eltern aus Psalm 67 auf beeindruckende Weise erfüllt worden war.

Als ich die Straßen zu meinem Hotelzimmer zurückging, tanzte mir das Herz in der Brust. Es war ein unglaublicher Moment, der meine wildesten Träume übertraf. Ich drückte meine Handtasche mit dem Vertrag fest an mich. Mein Buch sollte Wirklichkeit werden und ich hatte ein festes Ziel vor mir. Ich konnte das nur mit der Gewissheit vergleichen, die ich bei meiner Verlobung hatte, als ich den Brief mit Walters Liebeserklärung in den Händen hielt. In solchen Momenten steht die Zeit still.

Zuerst sollte es die Geschichte meines Vaters sein – ein biographischer Bericht, geschrieben in der dritten Person. Nach ein paar falschen Anfängen wurde mir klar, dass das der falsche Ansatz war. Der Text wirkte steif und kalt. »Versuchen Sie, in der ersten Person zu schreiben, so wie Sie sich erinnern und wie Sie es erlebt haben«, riet mir mein Lektor. Ich merkte schnell, dass er nicht halb so interessiert an dem war, was Vater auf seinen Pionierreisen gemacht hatte, wie daran, wie es Mutter und uns zehn Kindern nach Vaters plötzlichem Tod in Tansania während des Zweiten Weltkriegs ergangen war. Was ich als Nachwort gedacht hatte, entpuppte sich als die eigentliche Geschichte.

Ich unterschrieb den Vertrag mit Harper & Row und versprach, dass sie das fertige Manuskript bis zum Herbst haben würden. Das gab mir sechs Monate Zeit statt zwei Wochen. Walter beendete seine Vorlesungen in Libamba, holte Katrine und Daniel von ihrer Schule in Nordkamerun und David und Stephen von ihrer Großmutter in Deutschland ab. Zu fünft reisten sie nach Springfield in Missouri, wo ich bei meiner Mutter im Haus meiner Kindheit wohnte. Mutter half mir bei der Betreuung der Kinder und dem Kochen, während ich mit den ersten Kapiteln meines Buches kämpfte. Walter ging nach vier Monaten mit Daniel nach Heidelberg und arbeitete an einer Doktorarbeit. (Ein amüsanter Bericht über Walters Reise mit vier Kindern über mehrere Kontinente findet sich in *Pimpelhubers Abenteuer* von David Trobisch.)

Wenn man schreiben will, muss man seine Aufmerksamkeit darauf beschränken. Man kann sich für nichts anderes interessieren.
Barbara Tuchman

Ed Sammis, der Lektor, hatte mir geraten, mir ein bestimmtes tägliches Pensum vorzunehmen und mich ans Schreiben zu machen, egal, ob ich mich danach fühlte oder nicht. Ich stellte fest, dass ich täglich nicht mehr als drei maschinengetippte Seiten schaffen konnte. Er erwartete von mir, dass ich mich daran hielt. Jeden Samstag sollte ich ihm alles schicken, was ich geschrieben hatte, und er begutachtete es dann. Dieser freundliche ältere Gentleman, den ich »Onkel Sam« nannte, hielt mir niemals vor, wie viel Arbeit noch zu tun war, sondern er sagte immer: »Machen Sie weiter so! Machen Sie weiter so!«, und er hatte stets ein lobendes Wort für mich.

Ich bekam wunderbar ermutigende Briefe von einigen Freunden. Ein Zitat von August Hermann Francke, einem der Väter des Pietismus, motivierte mich sehr. Er sagte von sich selbst, seine Freude am Kämpfen wachse mit den Schwierigkeiten, die es zu bewältigen gelte.

Ich absolvierte ein Hindernisrennen bei dem Versuch, meinen Rollen als Ehefrau, Mutter und Autorin gerecht zu werden. Und manchmal kämpfte ich sogar mit meiner Schreibmaschine! Aber es war wie bei der Geburt eines Kindes – wenn ich dieses Buch zur Welt bringen wollte, half es gar nichts, die Fäuste zu ballen. Stattdessen atmete ich tief durch und entspannte mich. Ich lernte, die Hände zu öffnen und bereit für das zu werden, was Gott hineinlegen wollte. Das übertrug ich dann auf die leere Seite in meiner Schreibmaschine: »Dass man erkenne Seinen Weg«!

Ich schrieb einen Brief an Pearl S. Buck, deren Bücher ich sehr bewunderte und die auf dem Missionsfeld in China aufgewachsen war. Sie antwortete mir postwendend von ihrem Zuhause in Pennsylvania aus und ermutigte mich, dranzubleiben. Sie war vierzig gewesen, als sie zu schreiben begonnen hatte, und bis zu ihrem Tod verfasste sie über sechzig Bücher. Außerdem war sie die erste Frau, die den Nobelpreis für Literatur erhielt.

Aus ihrer Biographie *Mein Leben, meine Welten* erfuhr ich, dass sie die mechanische Arbeit des Schreibens nicht mochte. Sie nannte sie »die anstrengendste Arbeit, die man sich aussuchen kann«. Jeden Tag dachte sich ihr Kopf zahlreiche Ausreden aus, um sie vom Schreiben abzuhalten. Aber sie machte sich trotzdem an die Arbeit und »widerstand erfolgreich dem Impuls, Klavier zu spielen, einen Spaziergang in der Sonne zu machen, die Blumen zu pflegen, ein Buch zu lesen oder hundert und mehr andere Dinge zu tun …« Auch sie legte ein Pensum von drei Seiten pro Tag fest, und wenn sie auf Reisen waren, wusste ihre Familie, dass sie ihr nächstes Ziel nicht ansteuern konnten, solange sie ihr tägliches Pensum nicht geschrieben hatte. Sie freute sich sehr, wenn sie etwas geschafft hatte, und sagte oft: »Wahre Freude und echtes Glück liegen in der Vollendung einer Aufgabe.«

Es dauerte sechs Monate, bis der erste Entwurf meines Buches fertig war. Ich wurde nach New York eingeladen, um das Manuskript mit Onkel Sam durchzugehen. Das war im November 1963. Der Tag, an dem Walter und ich dort ankamen, war der Tag, an dem Präsident Kennedy erschossen wurde. Es war schwer, ganz normal mit der Arbeit weiterzumachen, aber wir versuchten es. Eine ganze Woche lang saßen wir in Onkel Sams gemütlichem Wohnzimmer im Zentrum von Manhattan zusammen. Er und seine Frau lasen uns das Manuskript laut vor, und die ganze Zeit markierte er Stellen mit seinem Rotstift.

Er erzählte uns, dass auch ein Manuskript von Präsident Kennedy unter seinen Lektoratsprojekten war. Es trug den Titel: »A Nation of Immigrants« (Eine Nation von Einwanderern). Kennedy hatte sich folgende Leitlinie gesetzt: Jeder Satz musste die Handlung vorantreiben oder den Leser zum Lachen oder zum Weinen bringen. Wenn ein Satz nichts davon bewirkte, wurde er gestrichen.

Walter und ich sahen nun, wie Onkel Sam meine Geschichte nach dem gleichen Prinzip bearbeitete. Viele meiner beschreibenden Abschnitte, deren Formulierung mich solche Mühe gekostet hatte, strich er aus. »Als Autorin müssen Sie bereit sein, Ihre Lieblingsstellen zu opfern«, erklärte er mir. Das war ein schmerzhafter Prozess, aber es gehörte zum Wichtigsten, was ich über das Schreiben lernte.

Man sollte nur schreiben, wenn man jedes Mal beim Eintauchen der Feder ein Stück seines Fleisches im Tintenfass lässt.

Leo Tolstoi

Diese Erfahrung der gemeinsamen Arbeit mit Ed Sammis war für uns beide eine wertvolle Lehrzeit. Walter sagte, dass er in dieser einen Woche mit Onkel Sam mehr über das Schreiben lernte als in irgendeinem Universitätskurs, den er belegt hatte.

Als wir schließlich mit dem gemeinsamen Durchlesen meines Manuskripts fertig waren, drückte Onkel Sam es mir in die Hand und sagte: »Und jetzt gehen Sie nach Hause und schreiben Sie es noch einmal neu. Der Ansatz ist schon einmal richtig.« Er erklärte mir auch, dass in der Frage des Titels die letzte Entscheidung beim Verlag und nicht beim Autor lag. Ich kehrte nach Springfield zurück und schrieb die Geschichte zum zweiten Mal. Onkel Sam bearbeitete sie wieder und ich tippte sie noch einmal neu. Wenn ich daran denke, was für ein schmerzhafter und langwieriger Prozess das vor vierzig Jahren war, danke ich Gott für das große Geschenk, dass den Autoren heute Computer mit Textprogrammen zur Verfügung stehen.

Jetzt suchten die Lektoren nach einem Titel. Statt des Arbeitstitels aus Psalm 67 »Dass man erkenne Seinen Weg« wählten sie eine Zeile aus einem Kirchenlied »On our Way Rejoicing« (»Mit Freuden unterwegs«).

Schließlich war mein Manuskript so weit fertig, dass es an die Verlagslektorin von Harper gehen konnte, die alle historischen Daten und Namen überprüfte. Wenn sie auf Dinge stieß, die unklar waren, wandte sie sich mit ihren Fragen an mich. Der nächste Schritt war, die Korrekturfahnen zu lesen und den Klappentext zu schreiben. Einige Monate später erhielt ich mein erstes Exemplar von »On our Way Rejoicing«. Auf dem wunderschönen Umschlag war mein Geburtsort an den Hängen des Kilimandscharo abgebildet.

Ein unglaubliches Gefühl, dass ich etwas vollbracht hatte, durchströmte mich. Ich las das Nachwort noch einmal durch – diese gedruckten Sätze waren meine eigenen Worte (sie fehlen in der deutschen Ausgabe): »Ein Buch zu schreiben ist wie einen

Berg zu besteigen. Es kann nur gelingen, wenn man sich auf eine Marschroute festlegt, im Team arbeitet, schwere Lasten gemeinsam trägt, einen Fuß vor den anderen setzt und immer das Ziel im Auge behält.

Schreiben ist nicht nur wie eine Bergbesteigung – Schritt für Schritt, immer auf das Ziel zu –, sondern auch wie das Gebären eines Kindes.

Da sind die Monate (manchmal auch Jahre), in denen man das Kind in sich trägt und die Welt noch nichts davon sieht; dann kommt die Zeit der Wehen. Meine tiefe Dankbarkeit gilt nicht nur dem Lektorat von Harper & Row, das diesen Prozess so aufmerksam begleitet hat, sondern vor allem meinem persönlichen Lektor Edward Sammis, dem Meister der Geburtshilfe, ohne dessen Hilfe, ständige Ermutigung und enorme Fachkenntnis dieses ›Kind‹ nie zur Welt gekommen wäre.«

Ich wusste genau, was ich zu tun hatte. Ich setzte mich an meinen Schreibtisch, öffnete das Buch und schrieb auf die erste Seite:

»1. Oktober 1964

Liebste Katrine!

Als ich eines dieser Kapitel schrieb, sagtest du zu mir: ›Bitte, Mami, versprichst du mir etwas? Wenn dein Buch fertig ist, kann ich dann das allererste davon haben?‹

Ich versprach dir damals, dass ich dir das erste Exemplar schenken würde, denn als ich diese Geschichte aufschrieb, dachte ich vor allem an dich, deine Geschwister, deine Cousins und Cousinen.

Also, hier ist es, nur für dich, meine älteste Tochter, und die Antwort auf viele Gebete, das allererste Exemplar!

In Liebe — Deine Mutter.«

So begann unser Dienst als Autoren, und er zog im Laufe der Zeit immer weitere Kreise. Als Nächstes kam Walters Buch *Ich liebte ein Mädchen*. In diesem persönlichen Briefwechsel zwischen ihm und einem seiner afrikanischen Schüler ging es offen um die Frage, wie sich Begierde und Liebe voneinander unterscheiden lassen. Das Buch wurde bald auf der ganzen Welt gelesen. Walter sagte: »Zuerst schrieb ich das Buch, und dann schrieb das Buch mein Leben.«

Wir bekamen bergeweise Briefe von Leuten, die das Buch gelesen hatten – vor allem aus afrikanischen Staaten. Gewissenhaft beantworteten wir alle diese Briefe, und so entstanden neue Bücher. Walter schrieb »I married you« (»Mit dir. Partnerschaft in der Erprobung?«; früherer Titel: »Heiraten oder nicht«), und ich schrieb »Mit Freuden Frau sein«. Diese Bücher bildeten wiederum die Grundlage für unsere Arbeit, die wir *Family Life Mission* oder *FLM* nannten.

Die vielen Reisen und entstehenden Kontakte in mehrere Kontinente sprengten den finanziellen Rahmen unserer Missionsgesellschaft. Daher gründeten wir *Family Life Mission*, die uns den Rückhalt für diese neue Arbeit gab.

Rund um den Globus wurden wir eingeladen, unsere *Family-Life*-Seminare für Ehepaare und Singles durchzuführen. Ein zentraler Inhalt in der Arbeit mit Paaren war es, die »Paar-Energie« freizusetzen.

Singles stellten uns viele Fragen, die uns halfen, die Stichworte zu finden, die ihnen für ihr Leben helfen konnten. Zum Beispiel gab Walter in Libamba seinen Schülern die Aufgabe, eines der folgenden Themen für sich auszuarbeiten: »Das biblische Gebot, Vater und Mutter zu verlassen (1. Mose 2,24) und das afrikanische Brauchtum« – »Die Heiratsbräuche meines Stammes und die christliche Eheauffassung« – »Brautkauf und Liebesheirat« – Diskutieren Sie den Satz: »Es gibt keine politische Unabhängigkeit ohne unabhängige, verantwortliche Ehepaare« (damals war Kamerun noch französische Kolonie).

Diese Arbeit taten wir weiter, in Afrika, Europa und Amerika, als wir in Österreich wohnten. Als wir einmal wieder drei Monate lang um die Welt gereist waren und Vorträge gehalten hatten, kehrten wir im September 1979 zu unserem Haus auf dem Lichtenberg zurück. Wir waren müde, aber glücklich, nachdem wir die reichen Früchte unseres Dienstes gesehen hatten. Unsere Kinder machten bereits die ersten Schritte in ihrem Leben als Erwachsene. Als Paar freuten wir uns auf die nächste Phase unseres gemeinsamen Lebens – in der das Nest leer wird.

Inzwischen hatten wir über ein Dutzend Bücher veröffentlicht, die schnell in die gängigsten Sprachen der Welt übersetzt wurden. Als meine deutsche Lektorin Elisabeth Wetter in einem Interview gefragt wurde, was heute nötig ist, um ein guter Autor zu sein, antwortete sie:

»Ein guter Autor muss in Sprache fassen können, was er über Gott und die Welt, über seine Nachbarn und sich selbst denkt, wie er Lust und Schmerz des eigenen Herzens und das Weltgeschehen interpretiert. Und wenn er etwas ausrichten will, dann will er auch verstanden werden – heute von den einen, morgen von anderen, wen er gerade meint.« Wenn man von den Reaktionen unserer Leser ausging, konnte man zu dem Schluss kommen, dass unsere Bücher diesen Kriterien entsprachen.

Die mit dem Pulitzerpreis ausgezeichnete Autorin Willa Cather sagt, dass es nur fünf Geschichten zu erzählen gibt: von der Geburt, von Lebensentscheidungen, von Liebe, Leiden und Tod – wie auch Vögel in ihren Liedern nur fünf deutlich unterschiedene Töne besitzen. Mit Walters plötzlichem Tod 1979 ging unsere gemeinsame Welt unter. Über die ersten drei hatten wir geschrieben. Nun war es meine Aufgabe, vom Leiden und Tod zu schreiben. Es dauerte fünf Jahre, bis ich es schaffte, über meine Erfahrungen zu schreiben und anderen mitzuteilen, wie ich gelernt hatte, nach Walters Tod allein weiterzuleben (»Allein leben lernen«). Weitere fünf Jahre vergingen, bis ich – vor allem für Frauen – darüber schreiben konnte, wie wir stark und vertrauensvoll in einer Welt voller Anspannung und Niederlagen leben können (»Du bist eine starke Frau«).

Ich empfinde es wie Anne Morrow Lindbergh, dass der Schlüssel zum erfolgreichen Schreiben ein Augenblick der Einsicht ist, so als ob man eine entfernte Landschaft sähe. Und trotzdem ringe ich jedes Mal, wenn ich mich an meinen

Das letzte Familienfoto mit Walter 1978 auf dem Lichtenberg (stehend von links): Daniel, Ingrid, David, Ruth, Stephen, Walter. Vorne: Katrine und ihr Mann David Stewart mit ihrer ersten Tochter Christine

Schreibtisch setze, um die richtigen Worte. Ich schaue mich nach der Weisheit anderer Menschen um, die in dieser Hinsicht so viel begabter waren als ich. Von ihren Einsichten zu lesen macht mir viel mehr Spaß, als meine eigenen zu formulieren.

Manchmal bin ich so frustriert, dass ich nur noch auf die »Entfernen«-Taste meines Computers hämmern möchte. (Die alte Olympia-Schreibmaschine ist längst in einer Ecke auf dem Speicher gelandet.) Unterbrechungen ziehen weitere Unterbrechungen nach sich, während ich verzweifelt versuche, mich zu konzentrieren. Mein Wunschdenken hat jedoch nicht die Macht, auch nur ein einziges Wort am leeren Bildschirm vor mir zu produzieren. Wenn ich durch einen Telefonanruf unterbrochen werde, entstehen in meinem Kopf lauter phantastische Ausreden, warum ich nicht zu meinem angefangenen Buchprojekt zurückkehren müsste. Plötzlich, mitten in diesem großen

Durcheinander, höre ich dann die ruhige, leise Stimme meines sanften Hirten: »Erzähl einfach nur deine Geschichte, Ingrid, und überlass mir den Rest.«

Es fällt mir besonders schwer, meine eigene Geschichte aufzuschreiben. Nicht einmal die Gründe dafür kann ich so einfach in Worte fassen. Vielleicht könnte man sagen, ich habe so viel erlebt, dass es für drei Leben gereicht hätte – jedenfalls die Menge der Erfahrungen und Reisen. Oder vielleicht kommt es mir merkwürdig vor, die Rolle des objektiven Beobachters einzunehmen, wenn es um mein eigenes Leben geht. Ich würde das Leben viel lieber leben als darüber schreiben.

Es ist schwer, über das Leben zu schreiben, das man tatsächlich lebt. *Robert Finch*

Mein amerikanischer Lektor gab mir folgenden Rat: »Fragen Sie Ihren Leser nicht ›Wer bin ich?‹, sondern erzählen Sie ihm, wer Sie sind. Schreiben Sie Ihre eigenen Erfahrungen nieder, denn jede Erfahrung ist wie ein Same oder ein Kern, von dem Kraft in verschiedene Richtungen ausstrahlt. Lassen Sie die Geschichte für sich selbst sprechen. Kein Philosophieren und kein Predigen. Sie brauchen Ihrem Leser nicht zu sagen, was er denken soll. Er hat es ohnehin nicht gern, wenn man das tut.«

Der Autor Lew Smedes, mit dem ich befreundet bin, schrieb mir: »Du schreibst also deine Autobiographie? Ein großartiges Projekt, nicht nur, weil dein Leben so ein aufregendes Abenteuer gewesen ist, sondern weil deine Erinnerungen und dein prüfender Rückblick (›Ein Leben, das nicht prüfend betrachtet wird, lohnt nicht, es zu leben‹ – aber ist es sicher wert, gelebt worden zu sein) allen helfen wird, umso dankbarer für dich zu sein. Und wir Glücklichen, die deine Freundschaft genießen, werden sie umso mehr schätzen. Gott segne dich bei diesem Projekt, dir selbst noch einmal zu begegnen.

Hast du mal darüber nachgedacht, deine Biographie stattdessen von jemand anderem schreiben zu lassen? Obwohl ich mich auf deine Weisheit, Einsicht und Ehrlichkeit verlasse, fürchte ich doch, dass deine Bescheidenheit manches schmälern wird, was du geleistet hast. Aber das Wichtigste ist, dass du es auf deine Art tun musst, so wie du dich entschieden hast.«

Bezeichnenderweise gibt es Ereignisse, an die ich mich gut und gerne erinnere, während ich die Erinnerung an andere Ereignisse nicht ertragen kann. Aber letztendlich schreibe ich, um einen besseren Durchblick zu bekommen und meine Gedanken zu ordnen, um Vergangenes festzuhalten, das mir viel bedeutet. Vor einiger Zeit tauschten wir uns als Geschwister darüber aus, was uns von dem Tag im Gedächtnis geblieben war, an dem wir vom Tod unseres Vaters erfuhren. Jeder von uns hatte völlig andere Erinnerungen an das gleiche Geschehen. Wenn ich also bei dem Versuch, einen klaren Gedanken über ein Ereignis zu formulieren, das so lange zurückliegt und von dem wir auf ganz unterschiedliche Weise so stark betroffen waren, etwas durcheinander komme, ist das kein Wunder.

Ich muss es alles herausschreiben, koste es, was es wolle. Schreiben ist denken. Es ist mehr als leben, denn es bringt mich dazu, bewusst zu leben. *Anne Morrow Lindbergh*

Das Leben ist ein Durcheinander. Darum kann auch eine ehrliche Autobiographie nicht anders sein. Der Autor kann es sich nicht leisten, sein Leben in klar definierten Schwarz-Weiß-Tönen zu zeichnen. Auch Schlamm muss zur Farbskala gehören. Man braucht Mut, wenn man sich an die Wahrheit halten will. Das Leben ist ein Geheimnis, das man leben muss, und nicht etwa ein Problem, das man zu lösen hat. »Seien Sie offen für Überraschungen«, sagte mir ein Lektor einmal. »Loben Sie sich nicht selbst. Aber machen Sie sich auch nicht klein.«

Ich habe außerdem gelernt, dass unsere Kämpfe mehr sagen als unsere Siege. Für mich als viel beschäftigte Ehefrau, Mutter und Referentin gehörte es zu den schwierigsten Kämpfen, meine Mitte zu finden, in der ich ruhen kann, um von dort aus zu schreiben. Das Problem ist gar nicht so sehr, ein eigenes Zimmer zu finden und die Zeit zum Schreiben, sondern viel eher, »wie man die Seele mitten in all den Aktivitäten zur Ruhe bringt«, wie Anne Lindbergh sagte.

Um gut zu schreiben, muss man sich entspannen und das Durcheinander im Kopf loswerden. Seele und Geist müssen eine Einheit bilden. Ich muss diese Geschichte erst einmal für mich selbst schreiben – um mein Leben zu verstehen –, und als Zweites, um mein Vermächtnis weiterzugeben. Etwas in mir muss sterben, damit etwas anderes leben kann. Das Leben ist eine ständige Reise der Selbstfindung – das Einnehmen eines neues Landes.

Ich sah gerade einen Dokumentarfilm über das Leben von Eleanor Roosevelt, der Frau des amerikanischen Präsidenten. Am Ende bezeichnete der Erzähler Eleanors Leben als ein Leben voller Entdeckungen; die größte aber sei die Entdeckung ihrer selbst gewesen. Ich möchte es persönlich in Worte fassen, was ich auf meiner Reise der Selbstfindung lerne, denn das macht mich glücklich. Mein größtes Glück aber wird es immer sein, »Ihn zu kennen und mich für immer an Ihm zu freuen«.

Mein Leben lang habe ich Briefe und Tagebücher geschrieben. Das sind bis heute meine liebsten Schreibformen.

Ein Tagebuch zu schreiben heißt nicht, einfach alles aufzuschreiben, was ich gemacht habe. Es ist eher eine persönliche Aufzeichnung darüber, wie mich das, was geschieht, berührt und beeinflusst hat.

Die Schubladen in meinem Schreibtisch sind voller Tagebücher. Sie sind für mich ein Mittel geworden, »die Mosaiksteine meines Lebens zusammenzufügen«, wie meine Tochter Katrine sagen würde. Sie geben mir eine Zuflucht für meine Hoffnungen und Träume, für meinen Glauben und für die Liebe, mit der ich mein Leben lebe.

Katrine, die mit einem amerikanischen Diplomaten verheiratet ist, hat schon rund um den Erdball Seminare gehalten, wie man ein geistliches Tagebuch schreiben kann. Den Seminarteilnehmern erklärt sie immer: »Es ist ein menschliches Bedürfnis, unser Leben irgendwie schriftlich festzuhalten. Je mehr unser Leben in Teile zerfällt, desto größer ist dieses Bedürfnis. Ein Tagebuch ist ein Buch über unsere tägliche Reise. Es wird nie vollendet sein. Es wird nie vollkommen sein. Wenn Ihnen das beim Beginn Ihres Buches bewusst ist, sind Sie schon auf dem richtigen Weg. Haben Sie den Mut, über die kleinen Schritte zu schreiben, selbst wenn sie unzusammenhängend und zufällig erscheinen. Der Rest wird sich von allein finden.«

Ich verbringe auch jede Woche Stunden damit, Briefe zu schreiben. Die persönliche Korrespondenz war ein wichtiger Teil von Walters Dienst. Sein erstes Buch, *Ich liebte ein Mädchen*, ist ein persönlicher Briefwechsel, der Herzen auf der ganzen Welt berührt hat.

Katrine schreibt in unserem gemeinsamen Buch *Haus der Geborgenheit*:

»Vielerlei Briefe sammeln sich auf meinem Schreibtisch. Manche verpflichten nur zu einer höflichen Antwort. Andere wiederum möchte ich am liebsten gleich und mit überfließendem Herzen beantworten …

In Briefen erforschen wir die Landschaft unserer Seele und offenbaren sie dem Freund … Sogar der Umschlag ist sorgfältig beschriftet und die Briefmarke liebevoll ausgewählt. Es ist ein Leichtes, diese Briefe aus den anderen herauszusortieren und das Öffnen eines solchen Schatzes für einen späteren, ungestörten Augenblick aufzuheben. Beim Lesen ist es dann, als ob sich ein Fenster auftut, von dem aus eine erstaunliche, wundervolle Landschaft sichtbar wird. Welch ein Luxus es doch ist, einen Gedanken mit Hilfe von Feder und Papier bis zum Ende denken zu dürfen!«

Selbst jetzt empfinde ich das Schreiben als eine schwere Arbeit. Wenn es Zeit zum Schreiben ist, fühle ich das, was John Steinbeck als ein jämmerlich schlechtes Gefühl der Unzulänglichkeit bezeichnete. Aber dann stehen die Worte aufrecht und für sich auf dem Papier. Ich fühle mich erfüllt und komme zur Ruhe.

10. Trauer

Trauer ist der Preis, den man für die Liebe bezahlt.

Es ist der 13. Oktober 1979. Walter öffnet die Vorhänge im Schlafzimmer unseres kleinen Hauses in den Ausläufern der österreichischen Alpen. Das strahlende Licht der Morgensonne fällt herein. Ein paar späte Rosen direkt vor unserem Fenster bewegen sich im Wind. Die Gebirgsluft ist frisch und kühl. Nach unseren Jahren in den Tropen erfrischt sie mich immer wieder neu.

»Ich bringe gleich das Tablett mit dem Tee«, sagte Walter, als ich mich genüsslich in unserem Bett umdrehte und streckte. Wir waren gerade von einer dreimonatigen Missionsreise zurückgekehrt, die uns um die ganze Welt geführt hatte. Es war Samstag, und vier unserer Kinder, Daniel und seine Verlobte Betty, Stephen und Ruth, würden über das Wochenende heimkommen. Ruth, unsere Jüngste, war gerade achtzehn geworden, und heute wollten wir in der Familie ihren Geburtstag feiern. Ich hatte die kleinen Geschenke für sie gestern eingepackt, während Walter mir ein Kapitel aus John Whites Buch »Parents in Pain« (Elternschmerzen) vorlas. Walter sagte mir, wie dankbar er für jedes Kind war und dass er heute jedem Einzelnen einen Brief schreiben wollte.

Jetzt kam er ins Schlafzimmer und trug das Tablett mit der kleinen weißen Porzellankanne, zwei Tassen und einer Scheibe Toast, die er in zwei Teile geschnitten und mit Johannisbeer-Marmelade bestrichen hatte. Er hatte schon geduscht und sich rasiert und trug seinen kastanienbraunen Morgenmantel, den ihm der Vater eines seiner afrikanischen Schüler in Kamerun vor vielen Jahren geschenkt hatte. Er setzte das Tablett auf meinen Nachttisch ab und sagte in sachlichem Ton zu mir: »Ingrid, mein Körper will mir etwas sagen, aber ich verstehe nicht, was.«

Er setzte sich neben mich auf sein Bett, ein Kissen im Rücken, während ich ihm eine Tasse Tee eingoss. Wir wollten das Bibelwort für den Tag aus den Losungen lesen.

Ich hörte, wie er nach Atem rang, und konnte noch seine Tasse nehmen, bevor sie herunterfiel. Ich rief seinen Namen und versuchte ihn mit einer Mund-zu-Mund-Beatmung wieder zu beleben. Keine Reak-tion. Ich lief zum Telefon und benachrichtigte unseren Dorfarzt, der innerhalb weniger Minuten eintraf.

»Es ist zu spät«, sagte Dr. Greil zu mir. »Die Herzwand ist gebrochen.«

Schlagartig blieb meine Welt stehen.

Ich alarmierte unsere österreichischen Nachbarn Matthias und Ernie, deren Bauernhof nur fünfzig Meter entfernt war. Sie nahmen mich still in den Arm und sagten, dass sie dem Dorfpastor und unseren Kindern Ruth und Daniel in Salzburg Bescheid geben würden. Irgendwie schaffte ich es, Stephen in Wien, David in Heidelberg und Katrine in Richmond in Virginia anzurufen. Und dann war ich mit ihm allein. Die Zeit stand still, als ich an seiner Seite kniete und betete. Ich sah, wie eine Veränderung über sein Gesicht kam. Es war der Ausdruck eines verklärten Friedens, fast so, als würde er heimlich lächeln. An jenem Oktobermorgen war der Himmel in unserem kleinen Schlafzimmer greifbar nah. Ein plötzlicher Tod sei ein Kuss Gottes, sagte Augustinus einmal.

Ich war wie betäubt von dem Schock. Ich wusste, später würde der Schmerz einsetzen, darum musste ich jetzt stark sein und die richtigen Entscheidungen treffen. Matthias und Karl, ein anderer Nachbarbauer, halfen mir, Walter anzuziehen, solange sein Körper noch warm war. Ich suchte sein bestes weißes Hemd aus, das ich erst am Vortag gewaschen hatte. »Leg es in meinen kleinen schwarzen Koffer«, hatte er gesagt. »Dann ist es für meine nächste Reise bereit.« Wir wählten seine silberne Krawatte, die er immer zu Hochzeiten und anderen besonderen Feiern getragen hatte, und seinen dunklen Lieblingsanzug.

Unser österreichischer Pastor traf ein. Er betete an Walters Bett, zusammen mit den Nachbarn, den vier Familien auf dem Lichtenberg, die gekommen waren, um mit mir zu trauern. Dann sagte Matthias, er werde nach St. Georgen fahren, um das Beerdigungsinstitut zu benachrichtigen und einen einfachen Fichtensarg auszuwählen.

Ich hob das kleine Losungsbuch auf, das immer noch auf Walters Nachttisch lag. Nun las ich den Text, den wir zusammen hatten lesen wollen, als er seinen letzten Atemzug tat:

»Güte und Treue begegnen einander, Gerechtigkeit und Friede küssen sich.« (Psalm 85,11) – Und auch:

»Seid fröhlich in Hoffnung, geduldig in Trübsal, beharrlich im Gebet.« (Römer 12,12)

Keiner der beiden Verse erreichte mich in diesem Moment. Ich erinnerte mich aber daran, dass wir vor zwei Tagen in unserer gemeinsamen Stillen Zeit Jeremia 31,13 gelesen hatten: »Ich will ihr Trauern in Freude verwandeln«, und den Antwortvers aus dem Neuen Testament, Matthäus 5,4: »Selig sind, die da Leid tragen; denn sie sollen getröstet werden.«

Einen großen Teil seines Lebens hatte Walter auf Reisen verbracht – und doch war er zu Hause, in seinem eigenen Bett gestorben. Einer seiner Freunde, ein deutscher Weingärtner, schrieb einige Tage später auf seiner Beileidskarte: »Walter war ein Arbeiter in Gottes Weinberg. Er starb mitten in der Lese.«

Ich war allein mit meiner Trauer. Ich hatte kein Zeitgefühl mehr. Dann hörte ich, wie ein Auto auf dem Kiesweg vor unserem Haus zum Stehen kam, und im nächsten Moment erklangen schnelle Schritte im Hausflur. Es war unser dritter Sohn, Stephen, der im ersten Semester an der Universität Wien studierte. Sein Mitbewohner hatte ihn in Stephens altem Auto mit halsbrecherischer Geschwindigkeit die dreihundert Kilometer von Wien hergefahren. Sie waren die Ersten, die eintrafen. Stephen und ich umarmten uns schweigend, dann ging er in unser Schlafzimmer und weinte um seinen Vater.

Kurz darauf kam auch Daniel mit unserer jüngsten Tochter Ruth. Ich gab ihr die Karte, die ihr Vater für sie zum Geburtstag geschrieben hatte, weil sie nun »volljährig« war.

»Meine liebe Ruth,
Unruhe und Spannung wird über Deinem 18. Geburtstag stehen, und die Losung Jakobus 2,13 mit ihrem drängenden Inhalt wird auch nicht gerade zur Entspannung beitragen. (›Es

wird nämlich ein unbarmherziges Gericht über den ergehen, der keine Barmherzigkeit geübt hat; Barmherzigkeit aber triumphiert über das Gericht.‹) Und doch darf das Wort ›Barmherzigkeit‹ alles überstrahlen. Es heißt eigentlich ›mit dem Herzen tragen‹. Das ist schon fast ein Lebensprogramm für deine Volljährigkeit. Ich weiß noch nicht, wie deine Zukunft aussehen wird. Doch darin liegt wohl das Geheimnis jeden Lebens, dass sich einer vom Herzen Gottes tragen lässt und daraus Kraft gewinnt, auch andere auf seinem Herzen zu tragen.«

Ich ging mit Stephen und Ruth spazieren, nachdem ich ihnen eine Tasse Tee aus der kleinen Kanne eingeschenkt hatte, die ihr Vater neben mein Bett gestellt hatte. Wir gingen die zerfurchte Straße in den Bergen in unserer Nähe hinunter, wo Walter und ich am Tag vorher noch miteinander entlanggewandert waren. Als wir uns auf unsere Lieblingsbank setzten, legte ich meine Arme um die beiden und erzählte ihnen alles von meinen letzten Stunden mit ihrem Vater, was ich noch in Erinnerung hatte.

Mitten im Leben sind wir vom Tod umgeben.

The Book of Common Prayer

Am späten Nachmittag trafen David und seine Verlobte Vera aus Heidelberg ein. Wir versammelten uns an Walters Bett. Daniel las das Aussegnungsgebet aus unserem Kirchengesangbuch und wir sangen zusammen auf Deutsch: »Jesu, geh voran.« Wir schlossen mit unserem Familiengebet aus Psalm 67,2-3: »Gott sei uns gnädig und segne uns, er lasse uns sein Antlitz leuchten, dass man auf Erden erkenne seinen Weg, unter allen Heiden sein Heil.«

Danach wurde sein Leichnam weggebracht – der letzte Abschied von dem Zuhause, das er so sehr geliebt hatte. Es war seine letzte Reise auf dieser Erde.

Fünf Tage später wurde Walter neben seiner Mutter auf dem kleinen Alpenfriedhof an der Kirche von Attersee begraben. Während unserer fünfzehn Jahre in Österreich hatte er dort oft gepredigt. Der Gottesdienst wurde zu einer Feier seines Lebens.

Auf dem Familien-Grabstein waren die Worte eingraviert: »Als es Morgen war, stand Jesus am Ufer.« (Johannes 21,4)

Zwei Wochen später, an Allerheiligen, versammelte sich unsere Gemeinde auf diesem wunderschönen Friedhof und sang zu Ehren der Verstorbenen ein Kirchenlied. Die Tränen strömten über mein Gesicht, als ich an Walters blumenbedecktem Grab stand. Den Duft in jenem Augenblick kann ich immer noch riechen. Mein Nachbar Matthias stand neben mir. Ich fühlte Walters Gegenwart zwischen uns, seine Arme um unsere Schultern. Es war, als würde er uns sagen, dass er nicht im Grab lag und wir nicht traurig sein sollten. Seine Reise auf der Erde war zu Ende. Jetzt hatte er eine bessere Heimat. Da wusste ich, dass ich Walter nicht verloren hatte – er war sicher zu Hause angekommen. Aber ich hatte mich selbst verloren. Meine lange Pilgerfahrt als Witwe hatte gerade erst begonnen.

Die Briefe kamen unaufhörlich aus der ganzen Welt. Dieser Mann, dem es so schwer gefallen war, Tränen zu vergießen, wurde nun von so vielen Menschen beweint, die ihn geliebt hatten. Katrine und ihre drei Monate alte Tochter Virginia kamen und blieben die ersten Wochen nach Walters Tod bei mir. Als Katrine nach ihrer langen Reise über den Atlantik ankam, legte sie ihr Baby sanft auf Walters leeres Kissen. »Schau, Mami, hier ist neues Leben!«

Ich war froh, dass Katrine mir bei den Bergen von Post half. Sie verfasste einen Familienbrief als Antwort auf die vielen tief empfundenen Beileidsbekundungen.

Ich war innerlich noch nicht bereit, all die Worte des Trostes und der Anteilnahme aufzunehmen. Ich hielt mich einfach an den Refrain eines Liedes von den St.-Louis-Jesuiten fest (»Be not afraid«):

> »Hab keine Angst!
> Ich gehe immer vor dir her.
> Komm, folge mir,
> und ich schenke dir Ruhe.«

Und ich konnte jeweils den nächsten Schritt gehen, der für mich sichtbar wurde, wie mein Bruder Carl es mir geraten hatte. Trauern ist ein Prozess, der uns auf eine Reise führt – von dem Punkt, an dem wir vor dem Verlust waren, bis an den Punkt, wo wir Frieden finden. Auf diesem Weg kämpfen wir darum, mit der Veränderung in unserem Leben zurechtzukommen. Ich lernte, dass es körperliche Regeln gibt, die uns bei diesem Prozess helfen.

- Man braucht eine ausgewogene Ernährung mit viel frischem Obst und Gemüse.
- Genug Flüssigkeit – viele Tassen Kräutertee haben mir geholfen.
- Ausreichend Ruhe.
- Tägliche Bewegung.
- Einen Kreis von Freunden, die einen mit fürsorglicher, tatkräftiger Liebe umgeben.

Weihnachten kamen alle Kinder nach Hause, und wir feierten die Hochzeit von Betty und Daniel in der Dorfkirche. Bei diesem fröhlichen Ereignis wurden die Klagen zu Freudenliedern. Trotzdem hatte ich immer noch das Gefühl, dass unser Familienboot gekentert war. Der Kapitän war verschwunden und wir, die Familienmitglieder, zappelten im Wasser herum. Wir hatten unsere Schwimmwesten an und konnten einander die Hände entgegenstrecken, aber wir bewegten uns alle in verschiedene Richtungen. Abgesehen vom unmittelbaren Überleben hatte ich kein Ziel.

Es war ein Segen für mich, dass ich starke Vorbilder für diese schwere Zeit hatte. Sowohl meine Großmutter als auch meine Mutter hatten sich nach dem allzu frühen Tod ihrer Männer um eine große Familie kümmern müssen. Ich war jetzt eine allein stehende Mutter von fünf Kindern zwischen achtzehn und Mitte zwanzig. Das gab mir ganz stark das Gefühl, dass ich eine Aufgabe hatte, und ich konnte gut nachvollziehen, was eine deutsche Mutter, deren Mann in einem russischen Gefangenenlager gestorben war und die nun mit ihren sechs Kindern allein dastand, geschrieben hatte:

»Bemitleidet mich nicht, liebe Brüder. Ich bin seine Frau und habe seine Kinder unter meinem Herzen getragen. Es liegt ein großer Schatz in diesen Kindern. Eine Weile werde ich noch bei ihnen bleiben, und diese Prüfung soll mich zum zweiten Mal mit ihm verbinden.«

Drei Monate nach Walters Tod ging ich in die USA, um an dem Gedenkgottesdienst für ihn in der *Augustana Lutheran Church* in Minneapolis teilzunehmen. Als ich Ende Januar 1980 zwischen New York und Minneapolis über den Wolken flog, hatte ich einen herrlichen Sonnenuntergang vor Augen. Die Sonne brauchte sehr lange, um unterzugehen, weil ich mit ihr flog. Selbst als sie verschwunden war, blieb noch lange ein Streifen goldenes Licht am Himmel. Ich las einen Brief, den mir ein Missionar aus Indonesien nach Walters Tod geschickt hatte:

»Walters Dienst in Indonesien war wie ein letztes Aufbrechen des Sonnenlichts – die letzte Erfüllung seiner Berufung. 2000 Christen von den 800 indonesischen Inseln waren für eine Woche zusammengekommen, um ihn über Liebe und Ehe sprechen zu hören. Seine wesentlichen Gedanken waren:

›Dass es die Liebe gibt, bedeutet, dass man an ihr arbeiten muss. Tiefe eheliche Liebe muss mit Liebe Gottes erfüllt werden. Wenn man nicht mehr nah bei Gott ist, kann man auch einander nicht nah sein. Ein Pfarrer, der so viel arbeitet, dass er keine Zeit mehr für seine Frau hat, sündigt.

Die körperliche Seite einer Ehe ist genauso heilig wie die rechtliche und die seelische Seite. In der biblischen Schöpfungsgeschichte hat der Mensch von Anfang an einen Körper, und am Ende wird er einen neuen Körper haben, wie es im letzten Kapitel der Bibel steht …

Ein Fleisch werden meint nicht nur die sexuelle Gemeinschaft, sondern bedeutet auch, dass wir unsere Gedanken und Gefühle, Pläne, Freuden und Sorgen teilen.

Das heißt, dass wir miteinander reden müssen. Reden bedeutet auch zuhören. Es gibt nur eine Tür, durch die das Gefühl der Liebe ins Herz einer Frau gelangen kann, und das ist durch ihr Ohr. Wir Männer müssen vor allem lernen, unsere Liebe in Worten auszudrücken. Epheser 5,21 beginnt mit der gegenseitigen Unterordnung unter Christus. Wir können uns nicht unterordnen, wenn wir uns nicht annehmen und für wertvoll halten. Der Mann ist nur in dem Maß das Haupt seiner Frau, wie er ihr Diener ist, so wie Christus es in Johannes 13 vorgelebt hat.«

Walters letzter Satz vor diesem großen Publikum spiegelte etwas von seiner Lebensaufgabe wider: »Das Zeugnis der christlichen Familie ist der wirksamste Landeplatz für das Evange-lium.« Das war es, was er unermüdlich verkündete.

Während ich weiterflog, dachte ich an die siebenundzwanzig Jahre, in denen ich an seiner Seite leben durfte. Eines Abends im Jahr 1950, als ich in Poli in Nordkamerun eine einsame Straße entlanggegangen war, hatte Gott mir die vollkommene Gewissheit geschenkt, dass Walter mein Mann werden sollte. Und zwei Jahre später, im Juni 1952, hatten wir dann geheiratet.

Es war kein leichtes Leben gewesen. Es gab viele schmerzhafte Erfahrungen, viele Dinge, an denen ich litt. Es gab viele unerfüllte Wünsche. Manchmal dachte ich, ich würde mit seinen schnellen Schritten nicht mithalten können – genau wie ich als Kind zu rennen versucht hatte, um mit meinem Vater Schritt zu halten. Ich war oft außer Atem und kurz vor dem Aufgeben – wie an dem Abend vor unserer letzten Missionsreise um die Welt. Mehr als alles andere hatte ich gewünscht, meinen Koffer aus dem Fenster zu werfen, zu Hause zu bleiben und auszuruhen.

Als ich jetzt in dem Flugzeug saß und sah, wie die goldenen Farben des Himmels grau und gedämpft wurden, entdeckte ich den ersten Abendstern, der hell über den Wolken aufstrahlte. In meiner Hand hielt ich einen Brief vom Sekretär der indonesischen Kirche. Er begann mit den Worten aus Daniel 12, Vers 3: »Und die da lehren, werden leuchten wie des Himmels Glanz, und die viele zur Gerechtigkeit weisen, wie die Sterne immer und ewiglich.«

War Walter so ein Stern? Der Gedanke wirkte sehr tröstlich für mein wundes Herz. Bei Walters Beerdigung in Österreich hatte ein führender Mann der deutschen Kirche das Gleiche gesagt – was Walter geschrieben und gelehrt habe, leuchte wie ein Stern in der moralischen Dunkelheit des gegenwärtigen Europas.

Es ist nicht unsere Aufgabe, zu beurteilen, wie erfolgreich unser Dienst ist. Als Walters Frau und Gefährtin in über siebenundzwanzig wunderbaren Jahren kann ich nur sagen, dass er lebte, was er lehrte. Wie Martin Luther war es für ihn undenkbar, keinen Seelsorger zu haben, zu dem er gehen konnte, wenn ein begangener Ungehorsam ihn belastete. Wie Bonhoeffer glaubte er auch nicht an »billige Gnade«. Er war davon überzeugt, dass es mehr kostete, seine Sünden in der Gegenwart eines Bruders vor Gott zu bringen, der ihm dann auch die Vergebung zusprechen konnte, als allein damit zurechtzukommen.

Er war im siebten Semester seines Theologiestudiums an der Heidelberger Universität, als er diesen Schritt zum ersten Mal wagte – er erforschte sein Herz im Licht der Zehn Gebote und ging dann mit seinem Sündenbekenntnis zu einem Bruder in Christus; dieser hörte ihn an und sprach ihm im Namen Gottes die Vergebung zu. Als er an jenem Abend glücklich zu seinem Zimmer zurückkam, wartete dort der erste junge Mann auf ihn, um ihn um denselben geistlichen Dienst zu bitten. Diese Erfahrung der Vergebung wurde der Schlüssel zu seiner Arbeit, wo immer er war. Über sein Buch »Ich liebte ein Mädchen« sagte er oft, das Geheimnis für dessen weite Verbreitung sei der Abschnitt, in dem er François einlud, seine »Telefonverbindung« zu Gott zu reparieren.

Das Geheimnis einer glücklichen Ehe hatte für Walter sehr viel damit zu tun, dass beide Partner sich selbst annahmen und als wertvoll betrachteten. Er verwies gern auf Epheser 5, Vers 25 und 28: »Ihr Männer, liebt eure Frauen, wie auch Christus die Gemeinde geliebt hat und hat sich selbst für sie dahingegeben«; »Wer seine Frau liebt, der liebt sich selbst.« Nur wer sich selbst achtet, kann auch seinem Partner Achtung entgegenbringen.

Auf unserer letzten Überseereise waren Walter und ich einmal bei einem bekannten christlichen Ehepaar zu Gast. Die Frau engagierte sich sehr in der Lebensrechts-Bewegung, und ihr Mann war ein Universitätsprofessor. Sie setzten sich beide sehr ein, auch für ihre fünf Kinder – und doch fehlte etwas. Als wir allein waren, sagte Walter zu mir: »Ich glaube, sie liebt sich selbst nicht. Oder was denkst du?«

Diese gesunde Selbstannahme – die Fähigkeit, über die eigenen Fehler zu lachen – gehörte zu Walters Wesen. Er arbeitete viel und war trotzdem sehr kreativ darin, wie er das Leben genießen konnte. »Wenn man für sich selbst nichts Gutes tun kann, wie soll man es dann für andere tun können?«, war eine seiner letzten schriftlichen Notizen für mich, die ich nach seinem Tod wieder fand.

Winston Churchill schreibt in einem wunderbaren kleinen Buch mit dem Titel »Pinsel und Palette als Zeitvertreib«, dass sich die Menschen in zwei Gruppen einteilen lassen: Zum einen sind da diejenigen, für die Arbeit Arbeit ist, zum anderen die, für die Arbeit und Hobby eins sind. Für sie wird die Arbeit zur Freude. Die meisten Menschen gehören in die erste Kategorie, aber wie Churchill schreibt: »Die vom Glück begünstigten Kinder gehören zur zweiten Gruppe. Ihr Leben verläuft in einer natürlichen Harmonie. Für sie kann die Arbeitszeit nie lang genug sein. Jeder Tag ist ein freier Tag ...« Als ich Walter von diesem Gedanken erzählte, sagte er: »Dann gehöre ich zu den Glücklichen in der zweiten Gruppe. Für mich ist meine Arbeit mein Hobby und mein Hobby ist meine Arbeit.«

Sehr oft wurde uns in unserem gemeinsamen Dienst gesagt: »Was ihr zu sagen habt, ist nicht außergewöhnlich oder revolutionär, aber die Tatsache, dass ihr es als Paar zusammen sagt, macht großen Eindruck.«

Nur ein paar Wochen vor seinem Tod standen Walter und ich zusammen vor mehreren hundert Studenten in dem großen Hörsaal der Universität in Port Moresby in Papua-Neuguinea. Walter erzählte ihnen, wie wir vor vier Jahren, nachdem wir mehrere Eheseminare für andere gehalten hatten, plötzlich erkannten: Wir brauchten für unsere eigene Ehe Hilfe. So meldeten wir uns 1975 für ein Ehe-Wochenende in Minneapolis an. Im Lauf von achtundvierzig Stunden erzählten wir uns mehr über unsere tiefsten Gefühle, als wir es seit Jahren getan hatten.

Die erste Frage, die wir für unser Dialog-Notizbuch bekamen, lautete: »Warum seid ihr hier?« Walters Antwort war: »Um Neues zu lernen, mit dem wir anderen Paaren weiterhelfen können.« Ich schrieb als Antwort: »Um zu lernen, wie wir an unserer eigenen Ehe arbeiten können.«

Als ich mich daran erinnerte, musste ich unter Tränen lächeln. Es ging mir oft so, dass ich nur wiederholen konnte, was Winnie Mandela in einem Interview über ihre Ehe mit Nelson Mandela gesagt hatte: »Ich fühlte mich wie die unverheiratetste verheiratete Frau.« Das war vor allem dann so, wenn Walter von der Arbeit an einem neuen Manuskript völlig in Anspruch genommen war. Wenn ich ihn zum Essen rief, kam er und verzehrte geistesabwesend, was ich vor ihn hinstellte, in Gedanken völlig bei seinem Buch. Plötzlich, am Schluss der Mahlzeit, wurde ihm bewusst, wo er war, und er fragte: »Haben wir schon gegessen?«

Und doch erinnerte ich mich auch daran, dass Walter immer bereit gewesen war, mir zuzuhören, egal wie oft er meine Klagen schon gehört hatte. Er versicherte mir: »Ohne dich kann ich nichts tun, Ingrid. Du bist in jeder Seite, die ich schreibe, und in jedem Vortrag, den ich vorbereite.«

Als ich einen afrikanischen Pfarrer einmal fragte, warum so viele Leute bei ihm Hilfe suchten, gab er zur Antwort: »Wenn man einem Menschen einfach nur zuhört, ist er schon halb geheilt.« Mit diesem Geheimnis war Walter gut vertraut. Er hatte wirklich die Gabe, Männern und Frauen in gleicher Weise zuzuhören.

Wann immer es sich einrichten ließ, hörten wir zusammen auf Gottes Wort und seine Stimme. »Vier Ohren hören besser als zwei«, sagte Walter. Er interessierte sich für meine Gedanken und Gefühle und hatte großen Respekt vor der weiblichen Intuition und ihrem Empfinden für das, was richtig war. Er nahm große Opfer auf sich, um mir die gleiche Weiterbildung zu ermöglichen, wie er sie bekam. Einmal machte er in den Sommerferien mit unseren drei älteren Kindern einen verlängerten Campingurlaub, damit ich an einem Intensivkurs für Ehe-Seelsorge in Kalifornien teilnehmen konnte.

Er wusste, dass es schwieriger war, diese Arbeit gemeinsam zu tun, als wenn er allein auf eine Vortragsreise gegangen wäre. Selten brachen wir zu solch einer gemeinsamen Reise auf, ohne dass wir irgendwie in eine Krise gerieten. Unser Seelsorger sagte uns: »Das ist ein Zeichen dafür, dass es echt ist, was ihr tut.«

Wir machten die Beobachtung, dass Eheleute oft verschiedene Schlaf- und Aufwachrhythmen haben. Der eine ist eine Lerche, kommt früh in Schwung und ist manchmal schon vor Tagesanbruch aktiv. Der andere ist eine Eule und findet in der Nacht kein Ende. In unserer Ehe war Walter die Lerche und ich die Eule. Nachdem er früh aufgestanden und an seinem Schreibtisch schon ein paar Stunden gearbeitet hatte, machte es ihm Freude, ein Teetablett herzurichten und es ins Schlafzimmer zu bringen, damit wir den Tag gemeinsam beginnen konnten.

Oft, wenn die Tür aufging und er mir das Tablett brachte, konnte ich mir vorstellen, wie Jesus am Ufer auf die Rückkehr seiner Jünger wartete: »Als es aber schon Morgen war, stand Jesus am Ufer« (Johannes 21,4). Was tat Christus für seine müden, verzagten Freunde? Er machte ihnen ein Frühstück. Das Gleiche tat Walter am letzten Morgen seines Lebens – es war das letzte Zeichen seiner Liebe: Er reichte mir das Tablett, das er vorbereitet hatte, legte sich hin und tat seinen letzten Atemzug … Das war der Grund, warum ich diesen Vers für seinen Grabstein ausgesucht habe.

Unser Flugzeug würde bald landen. Wer würde mich abholen? Ich fühlte, wie sich alles in mir vor Schmerz zusammenzog. Ich erinnerte mich an das letzte Mal, als ich allein über Kontinente nach Port Moresby in Papua-Neuguinea gereist war. Walter hatte mich zur Begrüßung mit offenen Armen erwartet. Liebevoll hatte er jede Einzelheit für meine Ankunft vorbereitet. Das würde es nie wieder geben. Mir fiel ein, was Henri Nouwen in »Geheilt durch seine Wunden« gesagt hatte: »Kein Mensch kann überleben, wenn ihn niemand erwartet. Jeder, der von einer langen und schwierigen Reise zurückkehrt, hält nach jemandem Ausschau, der am Bahnhof oder Flughafen auf ihn wartet.«

Wie Nouwen hatte ich die Welt durch die Augen dessen betrachtet, dem ich meine Geschichte erzählen konnte. Jetzt war der immer gegenwärtige Dialog mit Walter zu Ende gegangen. Ich würde in einer Gesellschaft leben, die einem eher hilft, den eigenen Schmerz zu verbergen, als daran zu wachsen. Ich erinnerte mich an eine Studie, die nach dem Vietnamkrieg im »Minneapolis Tribune« veröffentlicht wurde. Die Frage war: »Wie lange sollte normalerweise der Tod eines geliebten Menschen betrauert werden?« Die überwältigende Mehrheit der Befragten war der Ansicht, eine Einzelperson sollte ihre Trauer achtundvierzig Stunden bis zwei Wochen nach dem Verlust hinter sich gebracht haben!

Ich dachte daran, wie sich die Jünger Jesu nach seinem Tod vierzig Tage lang von anderen Menschen zurückgezogen und versucht hatten, die Ereignisse zu verstehen. Die lange Zeit der Trauer war nötig, bevor sie den Heiligen Geist empfangen konnten. Erst nachdem sie den Schmerz über ihr tiefes Leid zugelassen hatten, konnten sie den großen Trost empfangen, den ihr Herr ihnen versprochen hatte. Erst als sie aufhörten, sich an ihren Herrn zu klammern, war es möglich, dass der Geist ihre Herzen erfüllte.

Je mehr ich es zuließ, dass mein tiefes Leid schmerzte, desto deutlicher wurde mir bewusst, dass bald etwas Neues entstehen würde.

Zwanzig Jahre später sitze ich in meiner kleinen Hütte in der Nähe von »Haus Geborgenheit« am Wald in den Ozarks und schreibe dies auf.

Ich zünde ein Feuer im Kamin an und sehe zu, wie ein Baumstamm zu brennen beginnt. Man sieht eine Narbe, wo ein Ast abgehauen wurde. Die Flammen breiten sich dort aus. Das ist wie die Narbe in meinem Leben, überlege ich. Als Walter vor vielen Jahren so schnell von mir ging, war das wie eine Amputation. Die Blutung hat aufgehört, die Wunde ist verheilt und ich habe gelernt, wieder zu gehen, wenn auch humpelnd. »In den Kämpfen der Liebe können nur die Verwundeten dienen«, hat Thornton Wilder gesagt. Ist das der Grund, warum die Flammen sich dort so hell ausbreiten, wo der Ast abgetrennt wurde?

11. Heimkehr

Wer stark verwurzelt ist mit seiner Heimat, wird an allen Orten der Welt echte Gemeinschaft finden.
Paul Tournier

Im zweiten Sommer nach Walters Tod war ich von Salzburg nach Springfield geflogen, um meine zweiundachtzigjährige Mutter zu besuchen. Zusammen gingen wir die Straße hinunter und schauten bei unseren langjährigen Nachbarn, den Crightons, vorbei, die in einem alten Bauernhaus aus Naturstein lebten. Mrs. Crighton war die schöne Grundschullehrerin gewesen, die so freundlich einen ihrer kleinen Schüler geküsst hatte, weil er »ganz dringend einen Kuss brauchte«. Jetzt war sie selbst weit über siebzig.

»Wir werden dieses wunderbare alte Haus verkaufen müssen«, erzählte sie uns. »Mein Mann kann die Treppen nicht mehr steigen.« Ihre nächste Frage kam für mich völlig überraschend: »Ingrid, könntest du dir vorstellen, es zu kaufen?«

Zuerst kam mir diese Idee völlig absurd vor. »Flo, für mich kommt ein Umzug wirklich nicht in Betracht. Ich bin Witwe und muss meinen Kindern helfen, ihr Studium zu beenden. Österreich ist ihre Heimat. Dort fühle ich mich auch Walter näher.«

Meine Mutter stand in ihrer nachdenklichen Art daneben. Sie sagte niemals mehr als nötig. Sie war einfach da, und dass sich ein erster Zweifel in mir regte, war ihr sicher nicht entgangen. Hatte ich zu voreilig geantwortet? Das Haus war 1919 gebaut worden und einzig in seiner Art. Zusammen gingen wir drei Frauen durch jedes Zimmer. Flo hatte darauf geachtet, den einfachen und soliden Charakter des Hauses zu erhalten. Die Einrichtung erinnerte an den französischen Landhausstil und kam durch die Blumentapeten und die blauen Wollteppiche gut zur Geltung. Das abgenutzte alte Sofa im traditionellen Wohnzimmer im oberen Stockwerk schien mir einen persönlichen Willkommensgruß zuzurufen: »Komm, setz dich hin und ruh dich aus, Ingrid. Es ist schon in Ordnung.« Ich war von dem starken Eindruck, den das Haus auf mich machte, überwältigt. »Komm, Mutter, gehen wir nach Hause«, sagte ich. Das Haus redete zu mir, und ich war nicht bereit, auf seine Stimme einzugehen.

Bevor ich nach Österreich zurückkehrte, rief ich Mrs. Crighton an: »Flo, ich will mit Gott noch mal darüber reden, ob ich dein Haus kaufen soll. Ich kann nichts versprechen, aber ich gebe dir auf jeden Fall Bescheid, egal, wie die Entscheidung ausfällt.«

In einem Brief erzählte ich meiner Familie von dem Gedanken. Mein älterer Bruder John schrieb mir: »Was für schöne Erinnerungen ich an das alte Haus der Crightons habe! Mögen die stabilen, alten Steinmauern jetzt zu einem Heim werden, das kommenden Generationen Segen bringt.« Von anderen Geschwistern und Freunden hörte ich ähnliche ermutigende Worte.

In Österreich verbrachte ich viel Zeit mit meinen Kindern, die noch dort wohnten, obwohl sie sich inzwischen alle in eigene Richtungen bewegten. Meine jüngste Tochter Ruth hatte gerade begonnen, an der Universität in Wien Medizin zu studieren. Allein der Gedanke, sie zu verlassen, tat mir schon weh. Der Gedanke, meine österreichischen Wurzeln auszureißen, war beinahe unerträglich für mich.

Ruth beruhigte mich: »Ich glaube, dass deine Entscheidung richtig ist. Lass die alten Lasten zurück und genieße den Neuanfang. Ich bin mir sicher, viele Frauen werden dich darum beneiden, dass du zu dieser Zeit den Entschluss gefasst hast, einen neuen ›Platz‹ aufzubauen. Ich bin stolz auf meine Mutter, auf ihr Vorbild und ihren Gehorsam.«

Katrine machte mir weniger Mut. Als Frau eines Diplomaten muss sie oft umziehen, und für sie bedeutete es, dass ich die einzige beständige Heimat verließ, die sie kannte. Meine drei Söhne waren sich darin einig, dass ich das tun sollte, was ich für das Beste hielt.

Mit unserem Wissen treten wir die Reise an, aber nur durch Liebe erreichen wir das Ziel. *Katrine Trobisch Stewart*

An einem Morgen im Juli 1981 sah ich beim Aufwachen wieder einmal, wie schön die Sonne über den Alpengipfeln aufging, die den Lichtenberg umgaben. Der Nebel war aus den Tälern verschwunden, und so hatte ich einen klaren Blick auf den Attersee, den wunderschönen See, an dessen Ufer Walter begraben lag. Zum ersten Mal erfüllte mich eine stille innere Gewissheit, dass mein himmlischer Vater mich zurück in meine Heimat nach Springfield führte, wo ich als Kind gelebt hatte. Ich wusste auch, dass er mir die nächsten Schritte zeigen würde.

Woher sollte ich das Geld bekommen? Langsam zeichnete sich ein Weg ab. Zwei deutsche christliche Geschäftsleute boten mir zinslose Darlehen an, damit ich die Anzahlung leisten konnte. Ich spürte, dass meine Zeit in Europa sich ihrem Ende zuneigte. Etwas Aufregendes und Neues entwickelte sich. Aber zuerst musste ich einen Geburtsprozess durchlaufen. Wie ein Samen in der Erde musste ich kämpfen und meine ganze Kraft zusammennehmen, um »die Erde zu durchbrechen«.

In den Jahren seit Walters Tod hatte ich oft über die umständliche europäische Bürokratie gestöhnt. Die deutschen Behörden beanstandeten sogar Walters Totenschein, der in Österreich ausgestellt war. Er musste noch einmal in Deutschland ausgestellt werden. Für jede Handlung war ein offizielles, notariell bestätigtes Dokument erforderlich. Selbst die Errichtung seines Grabsteins war eine Nervenprobe, weil man sich gegen eine Menge kleinlicher Regulierungen und Bestimmungen durchsetzen musste. Musste denn alles so kompliziert sein? Ich hatte oft das Gefühl, in eine viel zu enge Kiste gesteckt zu werden, während der Deckel über mir geschlossen wurde – so ähnlich muss sich ein Baby kurz vor der Geburt fühlen.

Meine Gedanken gingen wild durcheinander. Solange Walter an meiner Seite gewesen war, hatte ich mich überall zu Hause ge-fühlt, wo wir lebten. Aber an diesem atemberaubenden Morgen im Juli 1981 hatte ich nach über drei Jahrzehnten des freiwil-ligen »Exils« die innere Sicherheit, dass es mir freistand, zu gehen und zu meinen Wurzeln zurückzukehren.

Ich las einige alte Briefe noch einmal, die Walter als junger Mann geschrieben hatte, um unserer Missionsleitung seine Berufung nach Afrika zu erklären. Er sagte, dass er zum ersten Mal einen Ruf gespürt hatte, als er mit dreizehn die Matthäuspassion von Bach hörte. Seit Walters Tod hatte Musik mich in meiner Trauer getröstet. Ich lernte, meine inneren Wunden zu verarzten, als ich wieder dem einfachen Lied der St.-Louis-Jesuiten zuhörte:

»Hab keine Angst!
Ich gehe immer vor dir her.
Komm, folge mir,
und ich schenke dir Ruhe.«

Auch sie schienen mich auf die andere Seite des Ozeans zu rufen. Schließlich war St. Louis das »Tor zum Westen«, der Ort der ersten Überquerung des mächtigen Mississippi, wo für die Pioniere das neue Leben und die Freiheit von der Tyrannei begonnen hatte. Vielleicht würde auch ich neue Freiheit finden.

Heiligkeit ist Ganzheit. *Unbekannter Verfasser*

Nein, das Leben musste nicht kompliziert sein. »Über den Wolken ist das Leben leicht«, schrieb ich in mein Tagebuch, als mein Flugzeug Richtung Westen unterwegs war. »Ich bin auf dem Weg nach Hause. Ich denke an Homers Odyssee. ›Als die Männer von Troja nach Hause kamen, waren alle Lampen angezündet.‹ Nachdem ich dreiunddreißig Jahre lang in Afrika und Europa gelebt habe, fühle ich das Licht dieser angezündeten Lampen in meinem Inneren, wenn ich jetzt nach Hause reise. Ich muss vier meiner Kinder und Walters Grab zurücklassen. Alles, was ich mitnehme, sind die Kerzenhalter, die unser Zuhause symbolisiert haben, ein paar Vasen und Bilder, die Steppdecke, die meine Großmutter für mich gemacht hat, meine Tagebücher und meine Lieblingsbücher.«

Eine ungewohnte Müdigkeit erfasste mich dort auf meinem beengten Platz im Flugzeug. Ich ließ alles los, was zurückblieb. Es war nicht länger meine Sorge. Meine Kinder waren alt genug, um allein zurechtzukommen und nach unserem Haus auf dem Lichtenberg zu sehen. Sie waren sogar alt genug, um mich gehen zu lassen. Jetzt musste ich mich selbst gehen lassen. Ich kann mich nicht erinnern, wann ich das letzte Mal während eines Fluges so tief geschlafen habe.

In einem seiner wunderbaren Romane schreibt George MacDonald:

»In manchen Familien bestehen die Spiele der Kinder hauptsächlich aus dem Bau verschiedener Behausungen – Burg oder Schiff oder Höhle oder hölzerne Befestigung oder Nest in einem Baumwipfel – je nach verfügbarem Material. Dieser Instinkt, eine Höhle zu graben, geht auf das ursprüngliche Bedürfnis nach einer Zuflucht zurück. Für Kinder im Norden spielt das Gefühl, geschützt zu sein, eine noch größere Rolle in ihrer Fantasie als bei anderen. Das ist zum Teil darauf zurückzuführen, dass sie einem strengen Klima ausgesetzt sind – sie erleben Schnee und Wind, Regen und Graupel, Hagel und Dunkelheit.«

Ich wusste, dass ich auf der Suche nach dieser Zuflucht war. In einem meiner Koffer befand sich eine geschnitzte hölzerne Tafel, die ein Freund für mich angefertigt hatte, ein kostbares Geschenk. »Haus der Geborgenheit« stand darauf. Es sollte der Name meines neuen Zuhauses werden.

Aber ich wusste, dass ich auch noch nach etwas anderem suchte. Mein ältester Sohn Daniel, der sich viele Jahre lang mit Vater-Tochter-Beziehungen beschäftigt hat, sagte mir, als ich unser kleines Haus in den Alpen verließ: »Mutter, wenn du in die Heimat deiner Kindheit zurückgehst, dann erwarte nicht, dort deinen Vater zu finden.«

Ich dachte über seine Worte nach und erinnerte mich an das Buch »Späte Freundschaft in Briefen«, das Walter und ich laut zusammen gelesen hatten. Das Buch bestand aus einer Sammlung von Briefen zwischen dem Theologen Karl Barth und dem deutschen Dramatiker Carl Zuckmayer. Im abschließenden Kapitel ehrt Zuckmayer seinen Freund, der kurz vor seinem zweiundachtzigsten Geburtstag gestorben war: »Ich aber hatte noch einmal gefunden, was ein Mensch am nötigsten braucht, um sich selbst zu verstehen: eine Vatergestalt.«

Ja, mein Vater hatte uns vor vierzig Jahren verlassen. Er würde nicht zu mir zurückkehren. Auch Walter nicht. Ich musste lernen, meine Reise allein fortzusetzen. Zum ersten Mal in meinem Leben war ich mir auch sicher, dass ich das schaffen würde.

Mein Flugzeug landete in Washington, wo mich meine älteste Tochter abholte. Sie und ihr Mann, David Stewart, hatten jetzt drei kleine Kinder und würden bald zu ihrem ersten Posten nach Bukarest aufbrechen. Es schien, als sollte unser Leben sich kreuz und quer über den Atlantik abspielen. David und Katrine verkauften mir ihr altes Auto für 750 Dollar, einen dunkelgrünen Chrysler Newport von 1971, den sie liebevoll »Nelly« nannten. Der Kofferraum und die Rückbank des Wagens boten genügend Platz für meine Koffer und die Luftfracht – also für den Teil meiner alten Heimat, den ich in meine neue Heimat mitnehmen wollte.

»Mami, du schaffst das!«, waren Katrines letzte Worte bei unserem Abschied in Washington für meine dreitägige Reise nach Springfield.

Ich zitterte bei dem Gedanken, auf die George-Washington-Allee zu fahren und im einschüchternden Verkehr in unserer Hauptstadt die richtige Ausfahrt für meine Umgehungsstraße zu finden. Alles, was mir bisher vertraut war, waren unbefestigte Straßen in Afrika, kurvige österreichische Straßen in den Bergen und die Autobahn! Das hier war etwas völlig anderes. Ich wusste: Mut bedeutet nicht, dass man keine Angst hat, sondern dass man die Dinge trotz seiner Angst in Angriff nimmt. Ich wusste auch, dass Freunde und Familienangehörige an diesem Morgen für mich beteten, aber es war an mir, den ersten Schritt zu tun. Ich musste den Zündschlüssel umdrehen, aufs Gaspedal treten und lenken.

Als ich in Maryland über die Staatsgrenze kam und »Fahren Sie vorsichtig« las, wusste ich, dass ich meine erste große Prüfung bestanden hatte. Sich auf den Straßen der Weltstadt zurechtzufinden, in der unser Kapitol steht, ist nichts für jemanden mit schwachen Nerven. Ich holte tief Luft und entspannte mich. Von jetzt an musste ich nur noch den Schildern auf dem Highway nach Westen folgen.

Die Mittagssonne schien hell auf die Straße vor mir. Es kam mir fast wie ein Traum vor, als ich durch das bergige und grüne

West-Virginia fuhr. Konnte das die Wirklichkeit sein? Nellys riesige Motorhaube zeigte beständig Richtung Westen.

Ich war auf dem Weg nach Hause, in die Heimat meiner Kindheit, an den Ort, wo meine Mutter jetzt nach ihren Jahren in Bolivien wieder lebte, an den Ort, wo sich meine Schwester Eunice mit ihrer Familie nach langem Missionsdienst in Pakistan wieder niedergelassen hatte, an den Ort, wo ich ein kleines Mädchen gewesen war, bevor mein Vater starb.

Die Reise an diesem Frühlingsmorgen Ende April 1982 war anders als alle meine früheren Reisen. Normalerweise musste ich mich innerlich auf all das Neue vorbereiten, das mich am Ende meiner Reise erwartete. Dieses Mal kehrte ich zu dem zurück, was alt und vertraut war. Ganz in Gedanken drehte ich das Autoradio an. Für einen Moment verwirrte mich das fließende amerikanische Englisch des Moderators. Nach so vielen Jahren mit deutschen Klängen im Ohr hatte ich irgendwie angenommen, dass man in allen Radios Deutsch sprach. Wie herrlich, mühelos jedes einzelne Wort zu verstehen!

Als ich über die Grenze nach Kentucky kam, fühlte ich, wie der Käfig aufsprang, in dem meine Seele eingesperrt gewesen war. Ein aufregendes Gefühl der Freiheit erfasste mich. Ich war auf dem Weg nach Hause, zurück zu meinen Wurzeln.

Es dauerte drei Tage, bis ich die Ozarks erreichte. Statt immer müder zu werden, erwachten meine Sinne erst richtig zu neuem Leben, als ich mich meinem Heimatstaat näherte. Am Abend des dritten Tages, als ich noch eine Stunde von Springfield entfernt war, rief ich meine Mutter an. Ich spürte die Erleichterung in ihrer Stimme, als sie hörte, wo ich mich befand. Dass ich von der Ostküste allein nach Springfield fahren wollte, hatte ihr große Sorgen gemacht. Nach all den Jahren, die ich von ihr weg gewesen war, kam es mir merkwürdig und schön vor, dass sie sich so um mich sorgte.

Ich verließ die Autobahn und fuhr die Battlefield Road in Springfield hinunter auf die Blackman Road. Als ich Nelly die lange, von Bäumen gesäumte Auffahrt zum Haus hochlenkte, erinnerte ich mich daran, wie ich als Dreizehnjährige auf der gleichen Auffahrt triumphierend abgereist war. Mein Vater hatte mich damals zu meiner geliebten Großmutter gebracht. Beide waren nicht mehr bei mir, aber sie schienen mich trotzdem anzufeuern und willkommen zu heißen. Ich sah jemanden mit offenen Armen auf mich zukommen. Meine Mutter rannte nicht, das war nicht ihre Art; aber ihre Schritte waren kraftvoll und bestimmt. Auch mit über achtzig hatte sie kaum etwas von ihrer Entschlossenheit verloren, einfach für diejenigen da zu sein, die sie am meisten brauchten. In diesem Augenblick brauchte ich sie am meisten. Wir weinten vor Freude, als wir uns umarmten.

Sie machte sich am Herd zu schaffen und richtete ein leichtes Abendessen und eine Kanne Tee. So ähnlich musste es im Himmel auch zugehen, dachte ich.

»Ingrid, dein Haus wartet schon auf dich. Mrs. Crighton hat dir sogar das Bett gemacht, und im Kühlschrank findest du etwas zu essen. Hier sind die Schlüssel. Rufen wir sie doch an und sagen wir ihr, dass du angekommen bist. Sie möchte es sicher wissen.«

Kurze Zeit später fuhr ich das erste Mal meine eigene Auffahrt hoch. Ich trat zur Tür hinein und ließ mich von den stabilen Mauern meines Hauses der Geborgenheit umarmen. Ich war zu Hause. Ein Haus ist so viel mehr als nur ein Platz mit Wänden drumherum, dachte ich. Es ist ein kleines Königreich für sich, ein Ort der Zuflucht vor den Stürmen des Lebens. Auch im Auf und Ab des täglichen Lebens bleibt der Boden hier fest. Hier, an diesem geschützten Ort, würde es mir gelingen, auf meiner eigenen turbulenten Lebensreise zur Ruhe zu kommen. Im Herzen sang ich das Lied der Israeliten aus Psalm 126:

»Wenn der Herr die Gefangenen Zions erlösen wird,
so werden wir sein wie die Träumenden (es kommt uns so unwirklich vor).
Dann wird unser Mund voll Lachens und unsre Zunge voll Rühmens sein …
Der Herr hat Großes an uns getan; des sind wir fröhlich.
Die mit Tränen säen, werden mit Freuden ernten …«

»Haus Geborgenheit« in Springfield in Missouri

Vor dem Esszimmerfenster stand eine Linde, aus deren Stamm zwei gleich große Äste hervorgingen – genau wie an dem Baum, den Walter und ich so oft in Salzburg bewundert hatten. Die Tatsache, dass der Baum genau dort stand, so nah an meinem Fenster, dass ich ihn anschauen und bewundern konnte, wenn ich meine Mahlzeiten einnahm, war für mich wie eine feste Zusicherung, dass ich nicht allein war. Er mahnte mich auch, Geduld mit mir selbst zu haben, während meine Wurzeln in der neuen Erde Halt suchten.

Mein Herz tat noch immer weh. Wie gern hätte ich diesen Augenblick mit meinem lieben Mann geteilt. Er hatte immer versprochen, dass wir – zumindest zeitweise – zurück in die USA ziehen würden, sobald unser jüngstes Kind alt genug für ein Studium war.

Ich griff nach dem Stapel Briefe, die bereits eingetroffen waren. Sie waren adressiert an:

Ingrid Trobisch
2840 Natural Bridge
Springfield, MO 65809, USA

Wieder wurde ich von einem seltsamen Gefühl ergriffen. Die Adresse erinnerte mich an die Endgültigkeit meiner Entscheidung. War sie richtig gewesen? Ich öffnete den Brief einer lieben Freundin aus Österreich, die allen Grund hatte, sich von mir verlassen zu fühlen. Stattdessen schrieb sie: »Du schlägst jetzt neue Wurzeln. Sei geduldig. Denke an das Versprechen in Jeremia 24,6: ›Ich will sie (Ingrid) gnädig ansehen und sie wieder in dies Land bringen und will sie aufbauen und nicht verderben, ich will sie pflanzen und nicht ausreißen.‹«

Die Aufregung, ein neues Zuhause für mich einzurichten, hielt monatelang an. Es gehörte zu meinen ersten Aktivitäten, die wertvolle Büchersammlung meines Vaters aus den alten Pappkartons zu befreien, in denen sie gelagert war. Die ersten Möbel, die ich für das alte Bauernhaus kaufte, waren Bücherregale. Vorsichtig packte ich Vaters Bücher über Afrika und die Missionsgeschichte aus. Manche von ihnen waren über hundert Jahre alt. Ich spürte seinen Segen und seine Gegenwart, als ich sie durchblätterte und sah, welche Stellen er sorgfältig mit rotem Stift unterstrichen hatte.

Ich dachte daran, wie seine Kinder überall in der Welt gedient hatten: John als Missionsarzt in Tansania, Walter und ich als Missionare in Kamerun, Veda als Krankenschwester in Tansania, Eunie und ihr Mann Vince in Pakistan, Carl als Entwicklungshelfer in Korea und meine jüngsten Geschwister an verschiedenen Orten in den USA.

Meine Mutter und ich verbrachten jede Woche viel Zeit zusammen. Wir lernten uns völlig neu kennen. An dem Tag, der ihr dreiundsechzigster Hochzeitstag gewesen und an dem Vater vierundneunzig geworden wäre, tranken wir zusammen Tee.

»Ingrid, ich habe deinen Vater jeden Tag vermisst, seit er fort ist. Ich bin jetzt seit fast vierzig Jahren Witwe.«

Ich sah sie mit neuer Bewunderung und neuem Verständnis an. Sie hatte nicht aufgehört, als Frau zu reifen. Ihren großen

Lesehunger und ihr Verlangen zu lernen konnte sie mit den ständigen Anforderungen des täglichen Lebens in Einklang bringen. Sie schaffte es immer noch, ihr eigenes Gemüse anzubauen, und ihre reiche Ernte teilte sie großzügig mit Familienangehörigen und Freunden. Es gab keine Spur von Selbstmitleid in ihr. Mein Herz und mein Verstand wurden immer noch durch sie bereichert, und bei Scrabble war sie unschlagbar.

Sie erinnerte mich an die Aussage des alten Kapitäns in Elizabeth Goudges Roman *Der grüne Delphin*: »Drei Dinge machen jemanden zum Mann oder zur Frau: Orte, wo uns das Leben einen Dämpfer aufsetzt. Begegnungen, die uns das Leben schenkt. Nicht die Dinge, die wir bekommen, sondern die, die wir nicht bekommen.« Vor allem das Letzte traf genau auf meine Mutter zu.

Jeden Tag, den ich in meinem neuen Haus verbrachte, hielt ich mein Versprechen, das ich der vorherigen Besitzerin, Mrs. Crighton, gegeben hatte. Sie hatte mich gebeten: »Was immer du tust, liebe Ingrid – lege bitte am Vormittag eine Pause ein, setze dich mit einer Tasse Tee auf den Schaukelstuhl auf der Veranda und höre den Vögeln zu.« Zu der Zeit hörte sich das wie eine ganz einfache Bitte an. Aber ich merkte bald, dass es leichter ist, sich von einem Projekt vereinnahmen zu lassen, als sich hinzusetzen und nichts weiter zu tun, als dem Lied der Vögel zu lauschen …

Als ich gehorsam mitten am Vormittag unter dem Schatten der alten Eiche eine Pause machte, wanderten meine Gedanken zu den vielen Orten, wo ich gelebt hatte, angefangen mit meinem Geburtsort an den Hängen des Kilimandscharo. Selbst mein erstes bewegliches Zuhause, der Weidenkorb, der mich 1926 von Tansania über Europa nach Amerika gebracht hatte, kam mir wieder in den Sinn. Meine Gedanken führten mich auf eine Reise, die zurück nach Springfield und zum heimatlichen Grundstück meiner Kindheit ging, das jetzt nur um die Ecke von »Haus Geborgenheit« lag. Ich war an den Ort zurückgekehrt, an den ich gehörte. Der Kreis des Lebens hatte sich geschlossen. Es war in Ordnung, einfach nur auf der Veranda zu sitzen und nichts zu tun. Ich war dort, wo ich sein sollte.

Frühe Erinnerungen an meine Eltern hielten freundlichen Einzug auf meiner neuen Veranda. Ich dachte an solche Zeiten in der Kindheit, wo bei uns völliger Friede geherrscht hatte, wenn der Abwasch nach dem Essen erledigt war. Mutter stillte das Baby, bevor sie es für die Nacht hinlegte. Ich saß mit Vater im Garten, der nach Westen ging. Die Sonne war nach einem heißen Tag untergegangen, und jetzt erhob sich eine angenehme Brise aus dem Südosten. Wir beobachteten Glühwürmchen und Sternschnuppen und saßen dabei still auf unseren Campingstühlen. Und mein Vater erzählte mir von Afrika – dort saß man nach einem langen Safaritag genauso zusammen.

Als Walter und ich später in Afrika waren, ließen wir uns vor unserer strohgedeckten Lehmhütte in Tschollíré von der gleichen magischen Stunde zwischen Dämmerung und Dunkelheit verzaubern. Wir saßen dann lange da, schauten in den grenzenlosen Himmel, lauschten den Geräuschen der afrikanischen Nacht und reisten in Gedanken zu unseren weit entfernten Lieben. Gleichzeitig rückten wir nach der vielen anstrengenden Arbeit des Tages enger zusammen.

Merkwürdigerweise brachten diese absichtlich eingeplanten Zeiten der Träumerei eine Menge neue Energie in meinem Leben hervor. Mein Leitvers wurde 1. Chronik 28,20: »Sei getrost und unverzagt und richte es aus! Fürchte dich nicht und lass dich nicht erschrecken! Gott der Herr, mein Gott, wird mit dir sein und wird die Hand nicht abziehen und dich nicht verlassen, bis du jedes Werk für den Dienst im Hause des Herrn vollendet hast.«

Mein erstes Projekt war, Walters letztes Buch, »Der missverstandene Mann«, ins Englische zu übersetzen und das letzte Kapitel auch für die deutsche Ausgabe zu vervollständigen, für das Walter nur einen Entwurf hinterlassen hatte. Jeden Tag hörte ich auf die Stimme meines Hirten und versuchte seiner Leitung zu folgen, während ich die kahlen Zweige des »Manuskriptbaums« mit »grünen Blättern« versah. Ich hatte das Gefühl, als ob Walter mir dieses Kapitel persönlich diktierte.

Später sagte ein Rezensent über dieses Buch: »Man merkt schnell, dass dieses Buch posthum veröffentlicht wurde, denn an

Die Kirche in Maschame inTansania, die Ralph Hult gebaut hat

den ersten beiden Kapiteln hat jemand herumgepfuscht. Aber das letzte Kapitel ist der echte Walter Trobisch.« Mein Sohn David hatte mir beim Bearbeiten und bei der endgültigen deutschen Ausgabe geholfen. Er und ich schauten uns nur an. Es war gerade dieses letzte Kapitel gewesen, an dem wir so lange zusammen gearbeitet hatten. Zu der Zeit unterrichtete David an der Heidelberger Universität Neues Testament. Wir hatten beide den Eindruck, dass dieses Buch Walters bestes war. »Mit Schmerzen Mann sein«, hatte Walter es in Anlehnung an mein Buch »Mit Freuden Frau sein« scherzhaft genannt. In seinem Vorwort schrieb Walter: »Wir müssen das starke Geschlecht spielen und brauchten doch viel eher jemanden, der uns in unseren Schwächen versteht.«

Die letzten Worte, die Walter auf dieser Erde schrieb, waren für das Nachwort dieses Buches bestimmt. Ich weinte, als ich sie las:

»Zum Erlöstsein gehört auch, dass man sich mit Vorläufigem bescheidet. Man ist froh, in die richtige Richtung zu gehen, auch wenn man das Ziel nie erreichen wird. Ich bin in der vorletzten

Stunde des vorletzten Tages des vorletzten Monats im Jahr geboren. Das ist mir zu einer Wegweisung geworden und zu der Aufforderung, den Mut zu haben, mich in dieser vorläufigen Welt mit Vor-Letztem zu bescheiden … Doch als Grund, auf dem wir stehen, von dem wir herkommen und aus dem heraus wir leben, darf uns nichts gut genug sein als das Letzte. Christus ist die Wirklichkeit. Alles andere hat nur Schattendasein. Seine Liebe durchdringt uns und dringt über uns hinaus.«

Neben dieser sehr befriedigenden Arbeit am Schreibtisch half ich, unsere ersten *Family-Life-Mission*-Seminare in den USA zu organisieren und durchzuführen. Mein Sohn Daniel reiste von Österreich an, um mir zu helfen und die ersten Leitungspaare zu schulen. Wir nannten diese Seminare *Quiet Water Retreats* – Einkehr am stillen Wasser. Sie waren für Alleinstehende wie auch für Paare gedacht. Diese immer noch existierende Arbeit gibt es an vielen verschiedenen Orten der USA.

Unser Ziel ist ganz einfach: die gemeinsame Kraft freizusetzen, die in einem Paar steckt. Wir nennen sie *couple power.* Damit das geschehen kann, muss zuerst die Kraft der Einzelperson (*single power*) freigesetzt werden. Und dazu muss man als Mensch heil werden. *»Gott beruft uns dazu, mehr zu sein, als wir sind«*, formuliert Madeleine l'Engle, *»er will die Mauern, die wir zu unserem Selbstschutz errichtet haben, niederreißen, damit wir frei werden, Liebe zu empfangen und zu geben.«*

Und was ist nun *»Paar-Energie«*? Es ist die vervielfältigte Kraft zweier heil gewordener Menschen, die als Mann und Frau miteinander verbunden sind. Zwei Menschen zusammen können mehr erreichen als zwei Einzelpersonen, besonders wenn sie wissen, dass sie als Mann und Frau nach dem Bild Gottes geschaffen sind. Zusammen spiegeln sie vor der Welt sein Bild wider. Das Freisetzen neuer Energie für Paare ist für mich eine Lebensaufgabe geworden.

Kierkegaard sagte einmal, jeder von uns brauche eine Idee, für die er bereit sei zu leben und zu sterben. Mit anderen Worten, wir müssen unsere Leidenschaft entdecken. Es ist wichtig, dass wir uns einer Sache widmen, für die es sich zu kämpfen lohnt. Das wiederum schenkt uns eine tiefe Befriedigung und Erfüllung.

»Was ist meine Leidenschaft?«, fragte ich mich. Ich konnte nur darauf antworten: »Die Kraft von Ehepaaren freizusetzen!« Das war eine unserer Entdeckungen in Afrika. Damals schon hatten wir dazu Unterrichtseinheiten und Seminare entwickelt.

Sowohl für Männer als auch für Frauen ist es eine wunderbare Quelle des Wohlbefindens und eine stabile Grundlage für ein gesundes Familienleben, wenn sie ihre Ehe pflegen und den Ehepartner als ihren besten Freund ansehen. Das wusste ich in meinem tiefsten Inneren. Statt zuzusehen, wie die Partner das Wasser aus ihrem sinkenden Eheboot schöpften, war es mir ein großes Anliegen, Männern und Frauen bei der Suche nach neuen Reparaturmöglichkeiten für die leckenden Stellen im Boot zu helfen.

1980, als ich noch in Europa lebte, war ich in die Leitung der Internationalen Föderation der *Family-Life*-Promotion gewählt worden. IFFLP war eine Nicht-Regierungsorganisation mit mehreren Büros in der ganzen Welt. Dr. Claude Lanctot war Exekutivdirektor und fünf Ärzte arbeiteten als Regionaldirektoren für Europa, Asien-Ozeanien, Afrika, Süd- und Nordamerika. Als Leitung trafen wir uns einmal im Jahr, oft in Zusammenhang mit Trainingsseminaren für *Family-Life*-Leiter in verschiedenen Ländern der Welt. Besondere Beachtung schenkten wir den Kenntnissen über die Fruchtbarkeit und den neusten wissenschaftlichen Erkenntnissen im Bereich der natürlichen Familienplanung.

Die sechs Jahre, die ich in der Leitung von IFFLP mitarbeitete, waren für mich sehr bereichernde, horizonterweiternde Zeiten. Ich reiste nach Kolumbien, Chile, Kenia, Madagaskar, Mauritius, Hongkong, Irland, Kanada und Polen. Ruth, meine Tochter, die in Wien Medizin studierte, begleitete mich auf der Reise durch Afrika. Ich habe kostbare Erinnerungen und Freundschaften mit Verantwortlichen unserer Arbeit, Menschen, die daran glaubten, dass die Zukunft der Familie die Zukunft der Welt ist.

Jetzt, wo ich an meinen »sicheren Ort«, nach Hause gekommen war, war ich auf neue und leidenschaftliche Weise bereit, dieser Berufung zu folgen. Die Mauern von »Haus Geborgenheit« und darüber hinaus die starken Arme meines himmlischen Vaters würden mich in jedem Sturm beschützen. Mein Lebensschiff war in einem herrlichen Hafen vor Anker gegangen.

12. Sehnsucht

Die Reise ist der Lohn. *Unbekannter Verfasser*

Wir brauchen alle jemanden, der auf uns wartet, von dem wir hören, dass er uns vermisst hat, der mit uns träumt und unsere Gedanken teilt. In den Monaten nach meinem aufregenden Umzug über die Kontinente wurde »Haus Geborgenheit« schnell ein Ort der Gastfreundschaft. Mein Leben füllte sich auf vielerlei Weise. Ich erfuhr wieder neu, welche Freude es macht, anderen Geborgenheit zu schenken und gemeinsam mit den Menschen zu essen, die ich liebte – mit Familienangehörigen und Freunden aus aller Welt. Andererseits konnte ich meine Sehnsucht nach einem starken Partner nicht leugnen. An einem schwülen Sommertag schrieb ich in mein Tagebuch:

»›Lass nicht zu, dass deine Sehnsucht dir die Freude am Leben raubt‹, schrieb Jim Elliot an seine Verlobte Elisabeth, als die beiden durch Kontinente voneinander getrennt waren. Nach einem *Family-Life*-Seminar mit 23 Paaren im Mai 1991 auf Schloss Mansfeld im Osten Deutschlands, einem weiteren Seminar im Juni mit Vorträgen und der Arbeit mit 23 Paaren in Mount Carmel in Minnesota und schließlich noch einer Vortragswoche im Juli beim *InterVarsity-Family-Camp* auf dem Cedar Campus in Michigan – wieder mit 23 Paaren –, fühle ich eine schmerzende Sehnsucht in meinem Inneren. Ich gebe sie dir, Herr – du bist meine treue Liebe.«

Zu Hause in »Haus Geborgenheit« erholte ich mich von diesem anstrengenden Programm. Aber die langen, einsamen Spaziergänge durch die sanften Hügel machten mich innerlich nur noch unruhiger. Wie schön wäre es, einfach eine liebende Hand zu halten und die Schönheit des Abends still zusammen zu genießen! Ich fragte den Herrn, warum es niemanden gab, mit dem ich reden konnte, mit dem ich in die gleiche Richtung blicken, die gleichen Ansichten austauschen, die gleiche Musik hören konnte.

Wieder war es Walter, der mir zu Hilfe kam. Ich fand einen Text, den er vor vielen Jahren speziell für Singles geschrieben hatte. Es war, als würde er mich durch diese langen Tage der starken Sehnsucht und Einsamkeit leiten:

»Liebe ist ein Gefühl, das auch der Ledige lernen muss. Wer nicht heiratet, braucht deshalb ja nicht auf Liebe zu verzichten, aber er muss die Liebe lernen, die verzichten kann – genauso, wie der Verheiratete sie lernen muss. Man könnte sogar sagen, dass der Wunsch, verheiratet zu sein, die Voraussetzung für ein glückliches Leben als Lediger ist.

Obwohl also Verheiratete wie Ledige vor derselben Aufgabe stehen, sollten wir nicht in den Fehler verfallen und meinen, unser gegenwärtiger Zustand sei von ewiger Dauer. Wir sollten uns nicht mit der Furcht vor dem Endgültigen, Unumstößlichen belasten. Die Ehe kann eine Aufgabe für eine begrenzte Zeit sein und plötzlich mit dem Tod des Partners enden. Genauso kann auch das Ledigsein eine vorläufige Aufgabe sein.

Gott liebt nicht die Entscheidungen, die wir aus Resignation und Enttäuschung für ein ganzes Leben fällen. Er will, dass wir heute unser Leben leben und mit Zuversicht und Mut all seine frohmachenden Möglichkeiten entdecken.«

Ich hörte auch, was meine Nichte Ann nach einer quälenden Scheidung sagte. Sie hatte ihre beruflichen Ziele erreicht, aber trotzdem gestand sie mir:

»Etwas fehlt mir. Ich vermisse es, verheiratet zu sein. Ich bin nicht verzweifelt auf der Suche nach einem Mann. Nein, ich glaube, ich könnte den Rest meines Lebens ganz gut darauf verzichten. Mein Sohn macht mir viel Freude, und die Zeit, die wir gemeinsam verbringen, ist voller Zärtlichkeit und guter Gespräche. Aber da ist eine Leere in meinem Leben. Ich möchte es mit einem anderen menschlichen Wesen aus Fleisch und Blut teilen, das nach dem Bild Gottes geschaffen ist.

Das Leben meiner Eltern hat mir gezeigt, wie glücklich und zufrieden es macht, einen persönlich interessierten, liebevollen Partner zu haben. Wenn der richtige Mensch vorbeikäme, wäre ich bereit, mit ihm zu gehen. Es würde mir nichts ausmachen, aus meiner gut geplanten beruflichen Laufbahn auszusteigen, denn meine wichtigste Laufbahn ist die, die mich nach Hause führt – nach Hause zu dem Einen, der unser Leben entwirft und zur Vollendung bringt.«

Ich konnte Anns Worte gut nachvollziehen. Ich erzählte ihr, dass William Berg, der Pfarrer, der mich fünfzig Jahre lang begleitet hatte, mir die Frage gestellt hatte: »Ingrid, warum hast du nach Walters Tod nie wieder geheiratet?«

Ich hatte ihm erklärt: »Weil ich in all den Jahren nie einem Mann begegnet bin, den ich mehr hätte lieben können als meine Kinder.«

»Was für eine dumme Antwort!«, sagte Ann. »Weißt du denn nicht, dass man einen Ehemann auf eine andere Weise liebt als ein Kind?« Sie hatte Recht.

Im Lauf der Jahre habe ich beobachtet, dass es wohl für jeden Mann auf dieser Erde schwer ist, sich in die geheimen Winkel eines weiblichen Herzens hineinzudenken und alle Bedürfnisse einer Frau zu erfüllen. Nur einer kann das: Jesus Christus. Und doch ist es vielleicht die größte Sorge einer Frau, nicht geliebt zu werden. Wenn ich meinen Söhnen nur einen einzigen Rat geben dürfte, was nötig ist, um ein guter Ehemann zu sein, dann würde ich ihnen sagen: »Bestätige deiner Frau jeden Tag, dass du sie liebst – sag ihr, dass sie die Nummer eins in deinem Leben ist.« Und sie muss lernen, das zu hören und anzunehmen, was er ihr sowohl durch seine Worte als auch seine Taten sagt.

Das gelingt einer Frau nur, wenn sie das Gefühl hat, wertvoll zu sein, und wenn sie sich in aller Ehrlichkeit selbst annehmen kann. Sonst werden die anerkennenden, aufbauenden Worte dessen, der sie liebt, ihr Herz nicht erreichen. Jeden Sonntag bekennen wir in unserer Liturgie die Sünde, Gott nicht von ganzem Herzen zu lieben, unseren Nächsten nicht wie uns selbst zu lieben – und uns selbst nicht so zu lieben, wie wir es sollten. Genau das – mich selbst zu lieben und ehrliche Komplimente dankbar entgegenzunehmen – fällt mir so schwer.

Erst mit sechsundzwanzig hatte ich Walter geheiratet und war vorher schon viele Jahre selbständig gewesen. Jetzt, nach seinem Tod, war ich wieder zwanzig Jahre lang allein. Es ist seltsam, wie wir uns immer das wünschen, was wir nicht haben. Mein ältester Sohn Daniel, der in Salzburg Psychotherapeut ist, sagt oft bei seinen Beratungsgesprächen: »Es gibt nur eines, was schwerer ist, als allein zu leben – und das ist, mit einem anderen Menschen zu leben. Aber nur wer es gelernt hat, allein zu leben, ist fähig, erfolgreich mit einem anderen Menschen zu leben.«

Was war mit einer Wiederheirat? Würde ich jemals wieder lieben können? Mein inneres Zwiegespräch mit Walter ging weiter. Durch seine Bücher zog er gewissermaßen seinen Stuhl neben meinen, wenn ich Hilfe brauchte. In *Liebe ist ein Gefühl, das man lernen muss* schrieb er:

»Sie ist Spannung und Erfüllung.
Sie ist Sehnsucht und Feindschaft.
Sie ist Freude und Schmerz.
Eines gibt es nicht ohne das andere.
Glück ist nur ein Teil der Liebe – das muss man lernen.
Auch Leiden gehört zur Liebe.
Das ist das Geheimnis der Liebe, ihre Schönheit und Bürde.
Liebe ist ein Gefühl, das man lernen muss.

Die Kunst des Verzichts, der Entsagung bildet auch im Leben eines allein stehenden Menschen das Geheimnis des Glücks. Die Selbstaufgabe ist für den Ledigen ebenso wichtig wie für den Verheirateten.

Wer diese Kunst erlernt, wird niemals einsam sein, auch wenn er ledig bleibt. Wer sie nicht erlernt, der wird immer einsam sein, auch wenn er verheiratet ist. Die Aufgabe, die sich uns stellt, ist die gleiche, ob wir verheiratet oder ledig sind: ein erfülltes Leben zu leben trotz vieler unerfüllter Wünsche (Bonhoeffer).«

Auf seine eigene Weise forderte Walter mich heraus, mich dieser Aufgabe immer wieder zu stellen. Ich hielt weiter Ausschau nach den tieferen Geheimnissen eines glücklichen Lebens als Alleinstehende. Ich merkte, dass es auch ohne den körperlichen

Ausdruck von Sexualität möglich ist, ein volles und erfülltes Leben zu führen, dass es aber unmöglich ist, ohne Liebe und Bestätigung und tiefere Beziehungen zu leben. Wir müssen unsere Einsamkeit wahrhaben und wissen, dass unser Schicksal nicht von unseren sexuellen Wünschen abhängt, sondern von dem, was in unserem Herzen vor sich geht.

Meine Lieblingstante, die fast ihr ganzes Leben als Frau allein gelebt hatte, sagte mir: »Ingrid, eine Frau ist immer in irgendjemanden verliebt, aber Verliebtheit ist nicht auf die wirkliche Person bezogen. Liebe kann dort entstehen, wo man den echten Menschen sieht und nicht nur das Bild, das man sich von ihm gemacht hat.«

Die Entscheidung, ein enthaltsames Leben zu führen, ist eine Entscheidung für die Freiheit. Sie macht uns innerlich stark und verleiht uns eine geistliche Kraft, die dabei hilft, die Fesseln der Selbstsucht zu sprengen.

In meinen Jahren als allein stehende Frau übte ich eine neue Sichtweise ein. Ich schaute nicht mehr auf das, was ich aufgegeben hatte, sondern auf das kostbare Geschenk der Freiheit. Ich konnte mich an Menschen jeden Alters freuen und alles Schöne genießen – sei es ein Sonnenuntergang, ein Konzert oder ein Kunstwerk. Und ich stimmte von ganzem Herzen mit Kathleen Norris darin überein, dass »die Frucht der Enthaltsamkeit die Gastfreundschaft ist«. Was mir unter anderem am meisten Spaß machte, war zu lernen, erst einmal für mich selbst eine gute Gastgeberin zu sein und dann auch für andere.

Meine Familie wächst weiter. Alle meine fünf Kinder haben liebevolle Partner gefunden.

Als ich in einem früheren Tagebuch blätterte, las ich:

»Heute ist der dreißigste Geburtstag meiner jüngsten Tochter. Sie kam direkt nach einem afrikanischen Wolkenbruch in unserem kleinen Missionskrankenhaus zur Welt. Noch bevor sie eine Stunde alt war, verließ ich den Kreißsaal, kletterte in unseren Jeep und wurde zu unserem strohgedeckten Gästehaus gefahren, wo sich die ganze Familie – Vater, große Schwester Katrine und drei Brüder – zum Feiern um mein Bett versammelte. Was für ein Beginn!

Fünf Tage später wurde sie im Sonntagmorgen-Gottesdienst in der afrikanischen Kapelle in Garoua-Boulai getauft.

Jetzt ist sie eine Ehefrau, Ärztin, Mutter von Raffael und Paul, und lebt mit ihrem Mann, einem begabten Musiker, in Wien. Sie ist eine kluge, großzügige und schöne junge Frau. Während ich dies schreibe, höre ich die Filmmusik von ›Out of Africa‹ und frage mich, wohin das nächste Jahrzehnt sie führen wird.

Herr, sie ist dein Kind. Hilf ihr, in allem, was sie tut, ein Kind des Lichts zu sein und dem Lamm zu folgen.«

Meine Lebensringe werden immer weiter. Der kleine Baum der *Family Life Mission*, den Walter und ich gepflanzt haben, wächst weiter. *FLM*, wie wir es nennen, hat seine Wurzeln im Wort Gottes und in fundierten psychologischen Grundsätzen. Ich bin nach wie vor davon überzeugt, dass die Familie in der heutigen Welt der beste Landeplatz für das Evangelium ist. Der Eine, der von sich sagt: »Ich bin der Weg, die Wahrheit und das Leben«, ist der Einzige, der echtes Leben in durstige Ehen bringen und den Unverheirateten Erfüllung schenken kann. Inzwischen ist *FLM* ein aktiver Dienst in Afrika, Europa und den USA.

Am Ende jedes *Quiet-Water*-Seminars wurden die Teilnehmer gebeten, einen Liebesbrief an ihren Ehepartner zu schreiben. Die Unverheirateten sollten Jesus einen Liebesbrief schreiben. Nach einem unserer Seminare schrieb ich:

»Teurer Geliebter meiner Seele, es gibt keinen auf dieser Erde, dem ich einen Liebesbrief schreiben könnte. Mein Herz sehnt

Am siebzigsten Geburtstag (von links):
Ruth, Stephen, Daniel, Ingrid, Katrine und David

sich danach, Liebe auszudrücken – all die Liebe, die Walter durch seine treue Liebe in meinem Herzen geweckt hat und die ich seit seinem Tod an andere weiterzugeben versuche.

Ich habe keine Hoffnung, dass ich jemals wieder einen irdischen Partner haben werde, und darum gebe ich dir mein bedrängtes Herz, Herr, denn ich weiß, dass durch das Pressen der Trauben guter Wein entstehen kann.

Auf meinem einsamen Weg sind mir Tränen oft sehr nahe. Ich wünschte mir so sehr, ich hätte eine starke Schulter, an die ich meinen Kopf lehnen und ausruhen könnte. Ich mache es wie der geliebte Jünger Johannes und ruhe mit meinem Kopf an deiner Schulter aus, Jesus.

›Danket dem Herrn, denn er ist freundlich, und seine Güte währet ewiglich.‹ (Psalm 106,1)

Lieber Jesus, ich nehme dich als meinen himmlischen Bräutigam an.

In Liebe, Ingrid Johanna.«

Eines Tages fand ich einen Brief in meinem Briefkasten, in dem mich ein lutherischer Pastor darum bat, mein Buch »Aus verborgenen Kräften leben« an seine sieben erwachsenen Kinder zu schicken. Ich kannte seinen Namen, weil sein älterer Bruder am College ein geistlicher Begleiter für uns gewesen war. Als Studenten hatten seine Schwester und ich ein Zimmer geteilt. Doris hatte mir von ihrem jüngeren Bruder Lauren erzählt, der Ende des Zweiten Weltkriegs in einer Sanitätseinheit der Armee diente. Ich war ihm bei der Hochzeit seines Bruders 1946 begegnet.

Ein paar Wochen, nachdem ich Laurens Brief bekommen hatte, erfuhr ich durch eine gemeinsame Freundin die traurige Nachricht, dass Laurens Frau nach einer kurzen Krebserkrankung gestorben war. Meine Freundin bat mich darum, Lauren in ihrem Namen ein Exemplar meines Buches *Allein leben lernen* als Geschenk zuzuschicken. Einige Monate später kam er nach Springfield zu Besuch zu meiner Schwester Eunie und ihrem Mann Vince. Vince war ein Jugendfreund von ihm. Meine Schwester lud mich ein, mit ihnen in den Gottesdienst und danach zu ihnen zum Mittagessen zu kommen. Katrine war gerade zu Besuch da und schloss sich uns an.

»Was für ein wunderbarer Mann!«, sagte sie nach dem Gottesdienst zu mir. »Als er ›Mein Jesus, ich lieb dich‹ sang und über den plötzlichen Tod seiner Frau sprach, wusste ich, dass er sich ehrlich durch seine Trauer hindurcharbeitet und nicht nur einen Schnellverband auf seine Wunde legt.«

Auch ich war von Lauren beeindruckt. Ich mochte ihn und fühlte mich in seiner Gegenwart wohl.

In ein paar Wochen würde ich auf einem Trauerseminar in Minnesota, seinem Heimatstaat, sprechen. Darum lud ich ihn ein, daran teilzunehmen. Das tat er, und wir hatten einige intensive Gespräche über unsere eigene Verlusterfahrung. Er war ein Jahr älter als ich, hatte sechsundzwanzig Jahre als Gemeindepastor gearbeitet und dann das Amt des Kaplans für ein Altenheim übernommen. Zwei Monate nach seiner Pensionierung,

Mit Katrine beim Signieren unseres Buches »Haus der Geborgenheit« 1998 in Springfield

als sie sich schon auf gemeinsame Reisen freuten, starb seine geliebte Frau Norma, mit der er siebenundvierzig Jahre verheiratet gewesen war.

Ein paar Monate nach dem Trauerseminar sahen wir uns bei unserem College-Treffen wieder. Wir entdeckten, dass Lauren Walter vor mir kennen gelernt hatte. Als erster deutscher Austauschstudent hatte Walter nach seinem Examen in Heidelberg ein Jahr am Augustana-Seminar Theologie studiert. Sie waren in der gleichen Bibel-Gruppe gewesen.

Ich hatte das Gefühl, als ob sich im Lauf der Jahre unter der Oberfläche unseres Lebens tiefe Wurzeln ineinander geschlungen hätten, ohne dass wir auch nur davon ahnten. Wir hatten das gleiche Erbe von unseren schwedischen Großeltern übernommen, das ein Theologe einmal respektvoll als »unkomplizierte schwedisch-lutherische Frömmigkeit« bezeichnet hatte. Wir waren auf der gleichen Schule gewesen, uns waren die gleichen Maßstäbe beigebracht worden. Als junge Erwachsene hatten wir uns zu einem Leben im Dienst für Gott verpflichtet, und er hatte uns über alle Maßen gesegnet. Jetzt waren wir gute Freunde geworden, aber mehr nicht.

Ich schrieb in mein Tagebuch, wie leicht und unkompliziert das Zusammensein mit Lauren bei unserem College-Treffen war:

»Heute fühlte ich mich so geborgen in einer Nische im Café mit ihm an meiner Seite.

›Ingrid, du magst es gern, wenn du gut geschützt bist, stimmt's?‹, fragte Lauren.

Beim Morgengottesdienst saß er in der Reihe vor mir. Ich nahm seine Anwesenheit sehr bewusst wahr und fragte mich, ob es ihm mit mir auch so ging.

›Ist er Ihr Bruder?‹, fragte mich eine Frau. ›Er hat eine wunderbare Stimme.‹

›Ja, er ist mein Bruder‹, antwortete ich. ›Und er ist auch mein Freund.‹«

Im Juli 1999 besuchte ich die internationale *Renovaré*-Konferenz in Houston, wo Richard Foster und Dallas Willard sprachen. Zweitausend Leute hatten sich versammelt. In der Abschlussveranstaltung wurde jeder eingeladen, nach vorne zu kommen und sich segnen zu lassen. Eine herzliche, strahlende afro-amerikanische Frau legte mir ihre Hände auf den Kopf.

»Gehen Sie zurück nach Hause und genießen Sie das Leben«, sagte sie. »Sie haben hart gearbeitet und Gott hat das gesehen. Ihre späten Tage werden sogar noch fruchtbarer sein als Ihre früheren Tage. Tragen Sie weiter Frucht und seien Sie nicht ›wie gelähmt vor lauter Gnade‹, wie Richard Foster sagt. Lassen Sie Jesus sein Leben in und durch Sie leben.«

Später im gleichen Jahr erfüllte mich ein wunderschöner Herbst, den ich zu Hause erlebte, mit großer Freude. Das Laub trug leuchtende Farben und die Luft war kühl und belebend. Eines Morgens machte ich meinen Spaziergang und holte die Post. Als ich die Briefe durchschaute, sah ich, dass einer von

Lauren war. Ich zwang mich, langsam zum Haus zurückzugehen und mich erst auf den Stuhl zu setzen, bevor ich ihn vorsichtig öffnete.

Mit großen, verwunderten Augen nahm ich die Worte und Gedanken auf, die sich auf diesem Blatt vor mir abzeichneten. Gott hatte zu ihm gesprochen, dass er die Vergangenheit zurücklassen und nach vorne sehen sollte …

»Ingrid, die Gefühle, die ich tief unten gut versteckt hatte und nicht zu zeigen wagte, brachen auf und die Schleusen öffneten sich; ich sah neues Licht und fing an, mich selbst zu verstehen. Ich sah, dass meine Beziehung zu dir weit mehr als Freundschaft war, dass ich dich liebte. Die unterdrückten Gefühle, auf die ich nicht hören und die ich mir nicht eingestehen wollte, taten mir plötzlich eine neue Welt auf … ein neues Gefühl, zu lieben und berührt zu werden, hat mich erfasst. Ich entschuldige mich nicht dafür …«

So begann die stürmische Romanze zwischen Lauren und mir. An manchen Tagen fühlte ich mich regelrecht schwindelig, wie ein Teenager. In unserer Freundschaft entwickelte sich schnell ein neuer Grad der Vertrautheit und des Abenteuers. Auch die Zahlen auf der Telefonrechnung stiegen zu neuen Höhen auf! Mein Herz tanzte und tanzte in ungläubigem Staunen.

Eine Freundin kam eines Morgens durch meine Tür und sagte: »Ich wünschte, ich wäre allein stehend, denn dann könnte ich meine eigenen Entscheidungen treffen.«

Daraufhin fragte ich mich: »Gab es irgendetwas, was ich nicht tat, weil ich mit Walter verheiratet war?« Wir hatten immer offen über alles gesprochen und dann versucht, Dinge möglich zu machen. Wir waren ein Team, um einander zur Freude zu helfen, und nicht, um einander im Weg zu stehen.

Erst nachdem Walter tot war, erkannte ich, was für ein Format er wirklich gehabt hatte. In meinem Tagebuch versuchte ich Worte für Laurens Format zu finden:

»1. Er ist ein schöner Mann – groß, sympathisches Gesicht, schöne Hände.
2. Er liebt den Herrn.
3. Ein Mann des Gebets: ›Ich bete jeden Tag für dich.‹
4. Er liebt Musik und singt gut.
5. Ein mitfühlender Freund für seine Freunde.
6. Ein Pastor, der gern das Wort Gottes weitergibt.
7. Ein Familienmann – ein guter Vater für seine drei Söhne und vier Töchter.
8. Er reist gern.
9. Es ist angenehm, mit ihm zusammen zu sein.
10. Ich wäre stolz darauf, ihn meinen Freunden und meiner Familie vorzustellen.«

Dann erinnerte ich mich an die Gebete meiner Kindheit für meinen zukünftigen Mann. Ich hatte ihn mir immer als einen großen Schweden vorgestellt!

An einem Sonntagmorgen ging ich früh in meine Heimatgemeinde und nahm am Abendmahl teil. Als ich am Altar kniete und betete, sah ich Walter. Das ging mir oft so, aber dieses Mal trug er das lange weiße Gewand eines Pfarrers. Er schaute nicht auf mich, sondern auf Lauren, der in ein ähnliches Gewand gekleidet war. Walter sagte zu ihm: »Lauren, ich habe sie all diese Jahre beschützt. Jetzt bist du dran.«

Nachdem er an einem *Quiet-Water*-Seminar in Springfield teilgenommen hatte, machte mir Lauren einen Heiratsantrag und ich sagte ja.

Wir baten Pfarrer Berg, uns zu trauen. Er kannte uns beide schon seit unserer Studentenzeit und war inzwischen neunzig Jahre alt. Er gab uns fröhlich seinen Segen, dass wir »gute Gefährten auf dem Rest des Weges« sein sollten.

Unsere Vorfreude war groß. Als wir Kinder, Verwandte und Freunde auf der ganzen Welt informierten, stiegen unsere Telefonrechnungen himmelhoch.

Wir mussten uns beide aber auch ernste Fragen von lieben-

Mit Lauren Youngdale in unserem gemeinsamen Zuhause in Springfield

den und wohlmeinenden Familienangehörigen gefallen lassen. Das war für zwei reife Erwachsene in den Siebzigern eine neue und ziemlich amüsante Situation!

Von den Frauen aus meiner eigenen Generation gab es zwei Reaktionen. Einige sagten, dass sie so spät im Leben nicht noch einmal einen solchen Glaubensschritt gehen könnten. Die anderen sagten mir übereinstimmend: »Mach es! Nur zu!«

Meine eigenen Töchter waren durch die plötzliche Umkehr der Rollen verwirrt. Als Katrine vor der Trauung versuchte, mir die Lippen nachzuziehen, kicherte ich und sagte ihr, dass Lauren den Lippenstift gern wegküsste. Zuerst dachte sie, ich hätte es nicht ernst gemeint. Doch!

An unserem Hochzeitstag, dem 27. November 1999, begegneten sich unsere zwölf Kinder zum ersten Mal. Wir hatten Gott darum angefleht, dass sie alle kämen und es eine gute Begegnung würde. Unsere sechs Töchter und sechs Söhne standen während der festlichen Zeremonie in der St. Mark's-Kathedrale in Minneapolis direkt neben uns. Als wir am Altar niederknieten, legten sie uns alle die Hände auf und segneten uns.

So begannen wir zusammen den Rest des Weges.

13. Der Kreis schließt sich

Wir sind nirgendwo wirklich zu Hause, bis wir im Haus des Vaters angekommen sind.
Eugene Peterson

Es ist schwer, dieses Kapitel zu schreiben, denn ich bin noch mitten drin, es zu leben. Ich versuche, jeden Tropfen neuer Freude aus meinem gemeinsamen Leben mit Lauren herauszupressen. Zusammen sitzen er und ich im Schatten unserer alten Eiche. Wir sind jetzt das zweite Jahr verheiratet und haben uns allmählich in unserem neuen Zuhause gegenüber von »Haus Geborgenheit« eingelebt.

Zwanzig Jahre lang bin ich meinen Weg allein gegangen. Ich sah, wie meine Kinder ihre Lebenspartner fanden, und war glücklich darüber. Es machte mich sehr dankbar, dass auch sie sich alle für Kinder entschieden. Ich habe zehn kräftige Enkel und vier wunderschöne Enkelinnen.

Wenn Walter und ich gefragt wurden, wie Eltern ihre Kinder zum Glauben bringen könnten, antworteten wir immer: Das kann man überhaupt nicht machen. Es geschieht nur durch die Gnade Gottes. Die Nabelschnur muss immer wieder durchtrennt werden, um dem Kind völlige Freiheit zu geben, und man muss dabei völlig auf Gott setzen.

Natürlich ist es gut, mit den Kindern über Gott zu sprechen, aber es ist genauso wichtig, mit Gott über die Kinder zu sprechen. Glaube kann nicht erzwungen werden, und er entsteht auch nicht durch gute Ratschläge oder gut gemeinten Schutz vor fremden Einflüssen. Glaube kommt als Geschenk, und dabei spielt Gottes Heiliger Geist eine große Rolle, dessen Gegenwart man niemandem aufzwingen kann.

Gerade habe ich meinem siebzehnjährigen Enkel Charles eine E-Mail geschickt. Ja, auch wir Großmütter sind ins Zeitalter der elektronischen Kommunikation eingetreten! Charles hatte mir am Telefon von seiner ernsthaften, aber erfolglosen Suche nach Gott erzählt. Meine Nachricht an ihn war einfach: »Statt Gott zu suchen, lass dich von ihm finden. Als ich diese Wahrheit erfasste, revolutionierte sie mein Leben.«

Im Rückblick sehe ich, dass es für mich viele Tage mit unglaublicher Freude gegeben hat, an denen ich buchstäblich das Gefühl hatte, ich würde auf dem Wasser gehen. Ein solcher Tag war im Jahr 1975, als meine Tochter Katrine, damals noch Studentin, vom Wellesley College in Massachusetts anrief und mir erzählte, dass sie sich für Christus entschieden hatte. Ein wunderbares Licht kam an jenem Tag in meine Welt. In einem kleinen Laden in Salzburg kaufte ich einen teuren Seidenschal für sie. Seine Farben waren wie aufflammendes Herbstlicht – ein Sinnbild für ihren neuen Anfang.

Ein Tag überfließender Freude in meiner jüngeren Vergangenheit war mein Hochzeitstag, an dem Lauren und ich von den Menschen gesegnet wurden, die uns auf dieser Welt am meisten bedeuten. Wir wussten beide, dass Walter und Laurens Frau Norma an diesem großartigen Segenstag im Geiste bei uns waren und mit uns feierten.

Oft gehen meine Gedanken zurück zu meiner großartigen Mutter, die sich meinem Vater und ihren Kindern so uneingeschränkt gewidmet hatte. In meinem letzten Studienjahr am College fragte ich sie, ob es nicht ein großes Opfer für sie gewesen sei, Mutter von zehn Kindern zu werden. Wir waren damals gerade in dem alten Packard unterwegs von Wahoo nach Springfield in Missouri und hatten den Rest ihres Haushalts im Kofferraum. Sie war nun fünf Jahre verwitwet und bereitete sich darauf vor, nach Bolivien auszureisen, um als Hausmutter ein Waisenhaus zu leiten. Sie trat auf die Bremse und wandte sich mir zu: »Opfer! Für mich war es die größte Ehre, die Gott einer Frau erweisen konnte, die Mutter von Ralph Hults Kindern zu sein!«

Sie war ganz Ohr für meinen Vater, immer bereit, sich seine

Ideen und Pläne anzuhören und seinen Träumen zu folgen. Mit fröhlichem Optimismus schenkte sie uns das Gefühl der Sicherheit und versorgte uns mit Nahrung und gleichzeitig gab sie uns zusätzlichen Unterricht, denn sie war eine ausgebildete Englischlehrerin. Schlechte Grammatik oder Aussprache ließ sie ihren Kindern nie durchgehen. Ich kann mich nicht erinnern, dass sie jemals etwas für sich selbst verlangt hätte. Im Alter von 90 Jahren drückte sie es so aus: »Wenn man älter wird, lernt man, mit weniger auszukommen.«

Wie groß ein Baum geworden ist, kann man erst feststellen, wenn er gefällt ist. Diese Wahrheit ergriff mich, als Mutter im Alter von zweiundneunzig Jahren starb und ihre fünf Söhne und fünf Töchter um sie trauerten.

Ich dachte an meine anderen Erfahrungen mit dem Tod, an den furchtbaren Schmerz, den ich zu unterdrücken versuchte, als Vater starb. Mutter sagte uns, dass er ein Held war und es nicht wünschen würde, dass wir um ihn trauerten. Aber ich würde nie mehr seine warme Umarmung spüren oder seine anerkennenden Worte hören – die Worte, die eine junge Tochter so verzweifelt nötig hat, um zu wissen, wer sie ist.

Ich dachte an meine geliebte Großmutter. Sie rief mich an ihr Bett, als sie im Sterben lag, und gab mir ihren Segen, meinem Ruf nach Afrika zu folgen. Meine jüngste Schwester war bei mir, als Großmutter ihren letzten Atemzug tat. Mary sagte: »Ich weiß nicht, ob ich weinen soll, weil sie tot ist, oder ob ich lachen soll, weil sie jetzt bei Jesus ist.«

Ich dachte auch an Mutti, meine liebe Schwiegermutter, die in unserem kleinen Haus auf dem Lichtenberg starb, genau zwölf Jahre vor ihrem Sohn. Sie starb mitten im Winter, er an einem wunderschönen Tag in der Erntezeit.

Meine Gedanken wanderten wieder zu Walter und dem unvergleichlich großen Einfluss, den er auf meine Lebensreise hatte. In unserer Verlobungszeit schrieben Walter und ich auf, welche Eigenschaften uns an unserem Lebenspartner wichtig waren. Am 3. Januar 1952, sechs Monate vor unserer Hochzeit, schrieb ich:

»Mein Mann muss ein Mensch sein, für den die Liebe und der Gehorsam gegenüber Gott immer den Vorrang hat, selbst vor dem persönlichen Wunsch und Willen, seiner Frau zu gefallen. Diese Liebe zu Gott lässt sich am besten mit deinen eigenen Worten beschreiben, Walter:

›Leben mit einem pulsierenden Herzen. Eine Glut, ein Sturm, ein freier Lauf. Leben aus einer Kraft, die kein Ende kennt – wie von der starken Strömung eines Flusses erfasst. Zu einem Ziel getragen werden, nach dem sich das Herz sehnt. Ein Leben direkt auf Gott zu – ohne immer nach rechts oder links zu blicken. Kein Trauern über das, was zurückbleibt. Schnell und ohne Zögern die Dinge tun, die vor Augen stehen.

Zurücklassen, was über meine Fähigkeiten geht. Dann aber begeistert im Augenblick leben und all seine Möglichkeiten ausschöpfen. Diese Liebe zu Gott ist ein jugendliches Lebensgefühl. Es besitzt die Ruhe göttlicher Sorglosigkeit und den Glanz der ungeteilten Hingabe. Liebe zu Gott bedeutet Leben aus einer ewigen Zufriedenheit. Das Geheimnis dieses Lebens ist Gehorsam.‹«

Walter war mir mit diesem dynamischen, lebendigen Glauben vorausgegangen, im Leben und im Tod.

Wenn ein Baum gefällt wird, verraten die Ringe im Stamm sein Alter – wie er von seiner Mitte im Lauf der Jahre nach außen gewachsen ist. Wenn ich zurückschaue, kann ich diese ständig wachsenden Kreise sehen, wie die Ringe eines gefällten Baumes. Jeder Ring hat mich mit neuen Menschen und Erfahrungen zusammengebracht, die mein Leben veränderten. Ich bin dankbar und singe innerlich das alte schwedische Kirchenlied:

»Den ganzen Weg führt mich mein Heiland.
Was frage ich noch mehr?
Sollt ich der sanften Gnad nicht trauen,
die mich mein Leben lang geführt?«

Meine liebste Tageszeit ist der Spätnachmittag. Jetzt kann ich mich sehr gut mit dieser Zeit in meinem Leben identifizieren. Ich mag die Vorstellung, dass Lauren und ich uns in dem herrlichen Licht unserer Sonnenuntergangsjahre sonnen. Wir brauchen das Abendlicht auf unserem Leben, um es zu verstehen. Der Glanz des Tages blendet oft. Philip Howard sagt: »Wenn die Schatten länger werden und die Sonne tief steht, sehen wir viel, was wir bis dahin nie wahrnehmen konnten. Wenn es Abend ist, wird das Licht sanft.« Das Leben braucht das sanfte Licht, damit man es deuten kann.

Ich reise zwischen zwei Ewigkeiten – von der Geburt zum Tod. Augustinus hat einmal gesagt, dass diese Welt ein Buch ist, und ich durfte viele Seiten davon sehen. Mein Leben besteht aus ständig wachsenden Kreisen. Es macht mich glücklich, diese Erfahrungen möglichst gut zu nutzen und ihnen einen Sinn zu geben, während ich weiter auf meine Heimat zureise.

Als ich vor kurzem wieder einmal in Österreich war, wanderte ich den steilen Pfad zum Gipfel des Lichtenbergs empor, zu dem Ort, an dem wir achtzehn Jahre gelebt hatten. Der Föhn, ein feuchter, warmer Wind, der Menschen mit Herzproblemen gefährlich werden kann, berührte meine Wangen. Vielleicht war dieser Wind an dem Oktobermorgen vor mehr als zwei Jahrzehnten der Grund, dass Walters Herz versagte.

Ich bin eine weite Strecke gereist. Meistens ging es die ganze Zeit bergauf, außer wenn unser aufmerksamer Herr mir eine Bank zum Ausruhen schenkte. In diesen Abendjahren meines Lebens bemühe ich mich immer um einen stetigen Rhythmus zwischen Arbeit und Ruhe. So viele Gedanken flattern wie ziellose schöne Schmetterlinge in meinem Inneren umher. Nach einem stärkenden Mittagsschläfchen macht es mir viel Spaß, Lauren zu erzählen, was mir einfällt, egal ob es ernst oder albern ist. Er hört mir immer zu. Manchmal sind wir einfach nur still, halten uns die Hände und trinken unseren Nachmittagskaffee. Wir wissen nicht, wie viele Tage uns noch bleiben, um hier zu sitzen und die untergehende Sonne zu betrachten. Darum empfangen wir jede gemeinsame Stunde mit offenen Händen als wunderbares Geschenk.

Ich bin sehr stark geprägt von allen Menschen, die mir begegnet sind und mit denen ich ein Stück auf dieser Reise nach Hause gegangen bin. Mein Vater war ein ernster Mann, den ich von ganzem Herzen liebte. Ich machte ihm oft kleine Überraschungsgeschenke, die ich unter seinen Teller legte, so dass sein Gesicht aufleuchtete – und wenn es auch nur für einen Moment war. Ich ging liebend gern mit ihm spazieren. Ich musste zwei Schritte machen, wo er einen machte, und dann dachte ich, wenn ich hüpfte, könnte ich sogar ein klein wenig fliegen. Und ich konnte es.

Meine jüngste Schwester Mary war erst sieben, als unser Vater in Daressalam starb und noch am gleichen Tag in einem einsamen Grab begraben wurde. Ihr Sohn Jim schrieb ihr später: »Ich sah, wie ein Mann mit seiner kleinen Tochter tanzte – sie drehten sich, sie freuten sich, lachten. Es war so schön, dass ich beinahe weinen musste. Was für ein schönes Bild für Gott den Vater. Er sagt zu uns: ›Komm und tanz mit mir, Kind. Wir wollen herumwirbeln und uns in Ewigkeit zusammen freuen! Wir wollen das Leben genießen!‹«

In seinem Brief an seine Mutter schrieb Jim weiter: »Was für ein schöner Gedanke, dass dein Papa Ralph dich eines Tages im Himmel begrüßen und zu dir sagen wird: ›Komm, tanz mit mir, Mary. Ich hab mich schon so lange auf dich gefreut. Weißt du, wie sehr ich dich liebe, mein kleines Mädchen?‹ Dann wird er dich an der Hand nehmen und dich so umarmen, wie du es noch nie erlebt hast – mit der ganzen Liebe aus den vielen langen Jahren, die er sich auf dich gefreut hat. Er wird dich in den fröhlichsten Tanz deines Lebens führen!«

Eines Tages werden wir nicht mehr allein auf dieser Erde tanzen müssen, sondern werden die ganze Ewigkeit haben, um mit unseren Liebsten zusammen zu sein. Dass eine andere Welt auf uns wartet, erfüllt mich mit Freude, und diese Freude breitet sich langsam in meinem Leben aus. Wir sind hier nur Gäste. Auf uns wartet eine andere Heimat, und in dieser Heimat wird es kein Warten mehr geben.

Nachwort von Katrine Stewart

Wie hat diese Geschichte angefangen? Zwanzig Jahre nach dem Tod meines Vaters, Walter Trobisch, stand ich neben meiner Mutter, als sie Lauren Youngdale ihr Ja-Wort gab. Das war am 27. November 1999 in der St. Mark's-Kathedrale in Minneapolis in Minnesota. Meine Mutter war 73 Jahre alt. Seither hat sich vieles in ihrem Leben verändert. Ihr neuer Anfang mit Lauren bedeutete eine Neuordnung ihrer Prioritäten.

Bis zu ihrem Hochzeitstag hatte sie fieberhaft an dieser Autobiographie gearbeitet, um den Termin ihres Verlegers einzuhalten. Ich bot ihr an, die weitere Arbeit an dem Manuskript für sie zu übernehmen, mit der deutschen Lektorin zu sprechen und einfach im Auge zu behalten, was sich daraus entwickeln könnte.

Meine Mutter, Ingrid Johanna Hult Trobisch Youngdale, hat sich ihr Leben lang stark auf Gott und zwei Männer gestützt und ausgerichtet – ihren Vater und ihren Ehemann. Nein, ich muss mich korrigieren und Lauren mit einbeziehen: Jetzt sind es drei Männer! Sie ist eine schöne und anziehende Frau, auch noch in ihren Siebzigern. Dabei hat sie nie viel auf ihre große Ausstrahlung gegeben, und sie scheint es manchmal gar nicht zu merken, wie stark sie das Leben anderer Menschen bestimmt und beeinflusst.

Unsere Beziehung ist durch turbulente Zeiten gegangen. Jahrelang habe ich mich gegen sie aufgelehnt. Trotz der Liebe und der Bestätigung, die meine Mutter mir entgegengebracht hat, war unsere Beziehung für mich oft getrübt. Aber dann haben wir gelernt, darüber zu sprechen und einander besser zu verstehen. Jetzt, mit Mitte vierzig, kann ich von vielen wunderbaren Jahren berichten, in denen ich diese Frau, die ich vorher nie richtig kannte, neu kennen und lieben gelernt habe. Dieses Buch ist ein sichtbares Zeichen dafür, dass Gott zu uns kommt, um unsere zerbrochenen Herzen zu heilen und Beziehungen wieder in Ordnung zu bringen.

Wir haben zusammen gelacht und geweint, als wir vor dem Computer saßen und Mutters Lebensreise verfolgten. Einige schmerzliche Erinnerungen sind geheilt worden, andere haben sich in reine Freude verwandelt, während wir nach den richtigen Worten suchten. Ich danke Gott für eine Mutter, die mir den »Weg nach Hause« gezeigt hat, der von Furcht und Dunkelheit in Gottes Licht führt.

Das Buch stützt sich im Wesentlichen auf Texte meiner Mutter. Wichtiger als der chronologische Ablauf war beim Erzählen, welche Bedeutung einzelne Ereignisse für ihr Leben und für die Menschen hatten, die mit ihr verbunden sind. Dabei lag der Schwerpunkt auf Geschehnissen, über die meine Mutter bisher wenig veröffentlicht hat.

Es war mir eine Ehre und ein Vergnügen, diesem Manuskript seine abschließende Gestalt zu geben.

Im April 2002 Katrine Stewart

Hinweise zur zitierten Literatur

Walter Trobisch, *Liebe ist ein Gefühl, das man lernen muss,* R. Brockhaus Verlag, 18. Auflage 1992 (die Zitate sind zum Teil übersetzt aus einer neueren, bearbeiteten amerikanischen Ausgabe: *Love is a Feeling to be Learned,* Quiet Waters Publications, Bolivar 2001)

Walter Trobisch, *Der missverstandene Mann,* Edition Trobisch, Kehl 1983

Ingrid Trobisch/Katrine Stewart, *Haus der Geborgenheit. Dem Leben ein Zuhause geben,* R. Brockhaus Verlag, Wuppertal 1999

Weitere Bücher von Ingrid Trobisch

Du bist eine starke Frau . Auf den Spuren weiblicher Identität, 1995

Mit Freuden Frau sein (mit Elisabeth Rötzer), 1974/1977

Allein leben lernen, 1985

Aus verborgenen Kräften leben, 1988

Ihr werdet erfahren, dass ich der Herr bin. Von Tchollire bis Lichtenberg (mit Walter Trobisch), 1980

Ich wollt, ich könnte fliegen. Von der Überwindung der Grenzen (mit Walter Trobisch), 1986

Erschienen alle im R. Brockhaus Verlag Wuppertal

Mit Freuden unterwegs, Verlag Ernst Kaufmann, Lahr/Schwarzwald, 1965